僕は魔法で希望に立ち向かう

元不登校の俳優・デザイナーとしての生き方

八田拳

幻戯書房

はじめに

初めに、自己紹介をします。

八田拳と申します。北海道出身、AB型、一九九七年八月二十六日生まれです。

僕は現在、俳優として様々な活動をさせていただきながら、自身のブランド「shabondama」にてファッションデザイナーをしています。

この本は、僕が今まで生きてきた二十数年間の未熟な経験をもとに、僕のような人が少しでも楽になれたらと書き始めました。読んでみようという気持ちを起こしてくれたそこのあなた。本当にありがとうございます。

僕は、誰かとコミュニケーションをとることが苦手です。学生時代から大人になるまで、人の輪に入るということができず、成長はあれど、未だに人と積極的に関わることは得意ではありません。

何を隠そう、中学校にはほとんど行けませんでした。それでも、なんとか生きながらえて今に至ります。

こうしてこの本を書いている今も、きっと他の誰かと同じように、消えてしまいたいと思うことがあります。そんな話はこのご時世、稀ではありません。でも、そんな僕がここまで生きることができたのはなぜかと考えると、大きく分けて二つ浮かびます。

一つは、なんとか〝明日の予定〟を作っているからだと思います。

大人として責任を持とうとすれば多くの場合、誰かに、そして自分にも、迷惑はかけられません。

だから例えば、自分ができないことを迫られる場所には行かない。自分の〝好き〟を追求して、できる限り心地のいい環境を作る。

それは言い換えれば、うまく逃げている、ともいえます。自分が〝消えたい〟と思ってしまうような事象や環境を避ける、ということです。

そういう中での小さな気づきや積み重ねが、結果的に明日の予定を作って、未来の自分を作っています。未来に大きな目標がないか、と言われると、あることはあります。でも、それが明日を生きる直接の理由にはきっとならない、と僕は思います。

だって、遠すぎる希望や目標が、自分を苦しめることは少なくないから。それよりも、今の自分にがっかりする機会をなるべく減らして、楽しみを少しずつ増やしていくことが、〝明日の自分〟にいつだって繋がっていく気がします。もう一つは、〝誰かを信じることの恐怖〟とうまく付き合っているからだと思います。

人は生きている限り、いつの間にか誰かに迷惑をかけ、助けられているもの。――古い友人が教えてくれた言葉です。

昔の自分は、今よりもっと、他人や親を信じることができませんでした。

なぜなら、裏切られるのが怖かったから。

でも、いつまでもそのままでいては、〝奇跡的な巡り合わせ〟を見逃してしまいます。僕は現に四年前の六月、一人の男性にタイミングよく電話をかけ、電話口の言葉で死の淵から救ってもらった経験があります（あまりにも個人的なことなので、具体的な詳細は書けませんが、その電話をかけることができたのは、たぶん、僕がかつてよりもいくらか、人を信じられるようになっていたからなのでしょう)。

信じることは怖いことです。

勝手に期待を押しつけ、勝手に裏切られたと思ってしまう……。その絶望は、この歳になっても、慣れることはありません。

でも、そんな畏怖とうまく付き合っていくことが大事だと、この本を書くにあたり、あらためて考えています。

これから、そんな僕が今までどう育ってきたのか、を始めとして、今の活動のメインである演技やお洋服、ダンスなどについても、前半では書いていきたいと思っています。

後半では、僕がどのようにして絶望を見ないようにしてきたか、などについて、お話ししたいと思います。

少しでも、この本を読んでいただけた方が、楽になれる時間を作ることができれば幸いです。

一つ、この本を読み進める前に聞いておいて欲しいことがあります。

それは、僕は直接、誰かのもとに行って手助けすることができない、ということです。

僕も学生時代、いろんな人に対してよく思っていました。

――彼らはいろんな言葉を綴るし、口にするけれど、直接的に自分の役には立ってくれないし、無理やり学校には連れていってくれないんだ。

――最後は結局、自分でなんとか頑張るしかないんじゃないか。だったら、そんなふんわりした背中を押す言葉を、簡単に口にしないでほしい。

……とまで思っていました。

それでも、今の僕には、届けたい気持ちや経験があります。

誰かの手をとって行動してもらうよう隣で応援はできないけれど、言葉として、一生懸命伝えさせてください。

もしよければ、あなたの時間を少しいただけたら、嬉しいです。

目次

僕は魔法で希望に立ち向かう

元不登校の俳優・デザイナーとしての生き方

カバーイラスト　白駒

1 北海道の頃のこと。上京まで

こどもの頃のこと

僕は、親の転勤の多い子供時代でした。

北海道札幌市で生まれ、その後函館、旭川と六歳までに二回引っ越し。小学校時代を過ごしたのは旭川です。

その頃、僕にはたくさんの理想がありました。その分、たくさんの否定もありました。〝期限付きの人生〟をずっと考えているような子供だったのです。

——自分は何歳までにはこうなっていなければいけない。

——こういう大人にはなりたくない。

そんなことばかり、物心ついたことから考えていました。

後で母親からも聞いたことですが、〝友達〟のハードルが異常に高かったことも記憶しています。

昔から、テレビドラマばかり見ていて、強く影響されていたんだと思います。

いわゆる〝親友レベル〟でなければ友達なんて要らない、そもそも簡単に他人を信じることができない。陰口を言われたらどうしよう、実は嫌われていたらどうしよう、自分だけ知らない情報を教えられていたらどうしよう……。

きっと誰もが経験したことのある、〝嫌われたくないから好きにもならない〟というやつです。

といっても、小学生時代の自分の理想は、今考えると、将来の夢に向かっているこ と、学業に問題がないこと、周りと足並みが揃っていること――ざっく

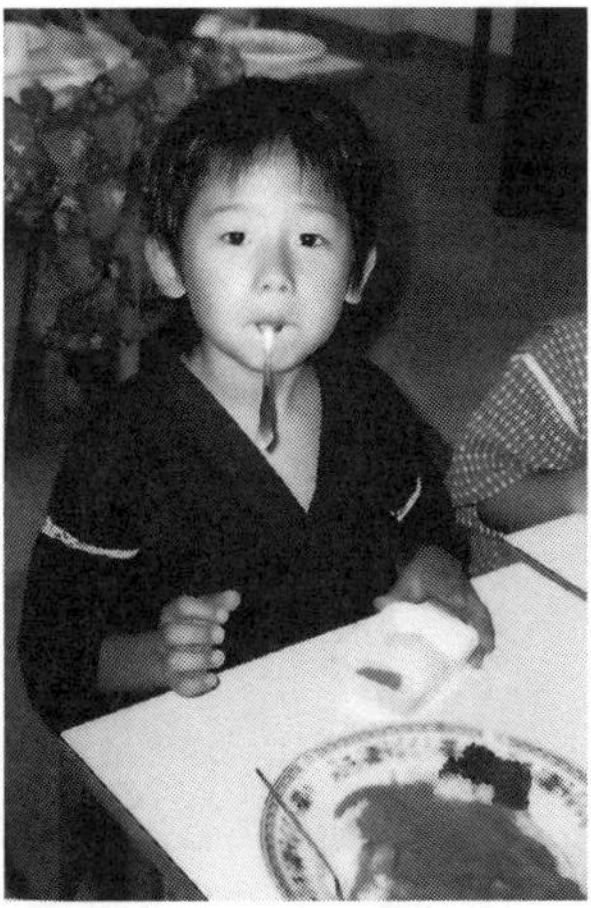

7歳頃。
地元のお祭りにて。

りいって、その程度だったと思います。

運動が昔から苦手ではあったものの、勉強に苦労したことはなく、特に努力せずとも、学業に問題はありませんでした。

それがいつの間にか、〝自分は勉強ができる〟という勘違いを起こしてしまったんだと思います。物心がついた時には、変にプライドのある、意固地な子供に仕上がっていました。

なりたくない自分

小学校四年生の頃、周りが塾に通いだしました。つられて自分も親に懇願、学習塾へ通うことになります。僕は初めてここで、〝いじめられる〟〝周りから浮く〟〝自分が惨めに見える〟という経験をします。

通いたかったきっかけは、クラスで一番仲のよかった子が行っていたからでした。そこでまず、自分の学力がどれだけ劣っているかがわかります。仲のよかった子と一緒に楽しく勉強ができる、何なら遊ぶ時間が増える。くらいに思っていたはずが、入塾した途端に、現状の学力でのクラス分けがあります。自分は友達よりも劣っているクラスに入らされてしまい、明らかな上下を目の当たりにします。

それを学校でバラされたらどうしよう。どうせ心の中で笑っているんだろうな。八田くんは思ったより勉強ができないんだと見られているんだろうな――。

そう思った自分は、その子と学校でもできる限り距離を置きました。今考えれば、自分で勝手に決めつけているだけなのに――。すると学校内でも次第に軋轢が生まれていきました。

塾で初めての授業の日は、初対面の知らない子と何時間も一緒にいるのがただただ苦痛でした。勉強は学校のレベルと比にならないくらい難しく、楽しく勉強なんてものからは程遠いとすぐに知ることになります。やがて、授業も休み時間も、ひたすら辛い時間になっていきました。

それでも、自分で行きたいといった場所だから、と言い聞かせていました。

そんな中、初めてのいじめを体験します。

小学五年生になった頃、いつものような地獄の休み時間。誰とも喋ることのないまま、水を飲みに行こうとお手洗いに行きました（そこには、足で踏むと水が出てくるタイプの機械が置かれていたのです）。

……水を飲もうとした時、後ろから二人の女の子に顔を押さえつけられました。一瞬、何が起きているかわからず、水で呼吸ができなくなりました。

元々、僕以外はほぼ女の子、しかも十人に満たない人数で、そもそも浮いていましたが、この日を境に、その二人の女の子を筆頭にパシリにされたり、お手洗いで水に顔を押さえつけられたり、といった軽いいじめが始まりました。

水に顔を押さえつけられるのは嫌でした。でも、パシリにされるのは当時、嫌ではなかったと思います。——人の役に立っていると思っていたから、です。役に立てば友達になれる、これ以上このクラスで浮かないはず。いずれは居場所になるはず……。

でも、改善の余地はなく、学習塾がどうにも嫌になりました。

初めは親に話すことができませんでした。やがて通っていたバスを途中下車し、サボり始めます。自分で塾に電話をし、「体調不良で休みます」という電話もしていました。

もちろん、それはいずれバレることになります。親と相談し、「バスだとどうしても嫌で途中下車してしまうから、車で送ってほしい」などいろんなわがままを言いました。通うのを諦めたくないと奮闘しますが、結局、六年生になる直前に辞めてしまいます。

僕はそこで初めて、〝なりたくない自分〟を体験しました。

〝少女趣味〟との出会い

学習塾に通い始める頃、僕はボーカロイド文化やアニメ文化にも触れています。

これもクラスの友人の影響で、「悪の娘」や「人柱アリス」がきっかけだったと思います。インフルエンザにかかって高熱を出したある日、父親に「ローゼンメイデン」のＤＶＤを借りてきてほしい、と頼んだことも覚えています。

父親は、あまりそうした方面に理解がなかったため、当初は「頭がおかしくなったのか?」と言われた記憶もあります。

あまり意識はしていませんでしたが、僕は昔から、魔法少女や人形やお洋服が大好きでした。いわゆる〝少女趣味〟です。父親はどちらかというと、その全てに否定的で、運動が苦手な僕に無理やり野球をさせようとしていましたが、趣味に関しては意志の強い子供だったため、全く興味を示すことはありませんでした。

ネットゲームにハマりだしたのもこの時期でした。元々ゲーム自体が好きだったのに加えて、可愛いお洋服の着せ替え機能がある作品があると知ると、一気に大好きになりました。クラスの一人が教えてくれた「マビノギ」というオンラインゲームにハマり、一日中パソコンと格闘することもありました。

そんな当時の自分の夢は、イラストレーターでした。

小学校五年生の頃、二つの創作物と出会います。映画「下妻物語」と、イラストレーターの「てぃんくる」先生です。

今思うと、ここが人生の起点だったのかと思います。人間は、小学校の頃好きだったものを一生引きずる、と何かで読んだことがありますが、その通りだと思います。

この二つの出会いが、ここから数年後の自分の未来を作っている、と改めて思います。

「下妻物語」は、作品ももちろん、何よりロリータ服との出会いが、自分にとっては衝撃的でした。

上：映画「下妻物語」（2004）
下：『ロウきゅーぶ！』（2011）

「ローゼンメイデン」で見たようなお洋服を、実際に着ている人がいて、文化として存在することに感動しました。

桃子（深田恭子演じる）の生き様をリスペクトし、こういう大人になりたいと強く憧れ、当時何度も見たことを覚えています。

「てぃんくる」先生は、ライトノベル『ロウきゅーぶ!』（蒼井サグ著）の挿絵を担当していたイラストレーターです。当時の自分は狂ったように模写をし、一日中見続け、描き続けていました。二〇〇九年夏、両親に頼んで北海道から東京へ遠征し、コミックマーケットで新刊を買ったこともあります。

段々と、自分の居場所がネット上にできてくるのもこの時期で、見知らぬ人との交流も増え始めました。オンラインゲームから始まり、ボーカロイド文化に触れると、お小遣いでボーカロイドを実際に入手したり、初音ミク project DIVAというPSPのソフトで自作のMVを作り、ニコニコ動画に初めて動画を投稿したものこの頃。「おいでよ　どうぶつの森」にもハマっており、掲示板で物々交換のやり取りなんかもし始めていました。

そんな中、両親が離婚します。

父と離れる

当時の自分は、全く気にしていませんでした。それ以前から、父親はほとんど家に帰ってこない状態でしたし、思い返せば、不思議な出来事にもいくつか心当たりがあります。

「弟だよ」といって、見知らぬ二歳の子供が突然家にやってきた時は、さすがに（何を言っているんだろう――）と子供ながらに思っていました。

父、母、その子供、僕という一見普通な、でも大変気まずい四人でファミリーレストランに行った時の空気は、今でも忘れられません。

それでも、なぜ離婚が気にならなかったのかというと、その分母親の愛情をたくさん受けていたから。そしてもはや、現実よりもネット上にいる時間の方が長かったから。主にこの二つが理由だったんだと思います。

どちらについていく……なんて決まりきっていましたし、苗字が変わることにも特段違和感を感じませんでした。むしろ、嬉しかった記憶があります。

小学校を卒業し、中学校に入る前、母親と二人で住むために、母親の実家のある札幌市への引越しが決まりました。

それまでにも時々、連れられて行った札幌は自分にとってとっても楽しい場所で、都会に住むことへの憧れが、離婚諸々の事情を全て無にしていました。

今でもそうですが、引っ越しが好きな子供だったのです。

ここから僕は、今に至るまで一番と言っていいほどの、辛く厳しい時期を迎えることになります。

ネットという居場所

中学校に入学する頃にはすでに、自分はおおよそネットの住民でした。

ニコニコ動画へ動画を投稿し、生配信を見続け、時にはイラストの依頼を受け、母親に金銭の授受を任せてオンラインゲームも続けていました。

そんなネット上や家は、暖かく楽しい居場所でした。

中学校へ入学した日、僕は全く想定していない事態に唖然とします。なぜなら、その中学クラスでは、すでに友人同士の輪ができていたのです。その中学校は基本的に小学校からの持ち上がりで、すでに六年間を共にした仲間が集っていたから。僕はそれを想定していなかったのです。

その上、なんとなく感じた空気ですが、明らかに浮いている人をどちらかというと吊し上げる傾向にありました。おかげで、ほとんど人と喋らなくなりました。

それでも、まだまだ入学したての時点では、諦めていませんでした。優しく話しかけてくれる人がきっといるはず、と希望を持って、入学初日は家に帰りました。

ですが、僕はネット上に居場所がありすぎました。中学一年生ながら、北海道で開かれる「オフ会」、いわゆるネットの中での交流を、実際に会って体験するものにも頻繁に行くようになり、歳上の友達ができ……。

当時、通学路に、僕のシルエットがちょうど鮮明に写るくらいのガラスの扉がありました。家を出て、学校へ向かう大きな道路に出るまでの道にある、ビルの扉です。ほとんど毎日そこで自分の制服姿を見ながら、泣きそうになっていました。自分が明らかに浮いている場所に、足を運ばなければいけない、というのは大変苦痛です。

その上、当時の自分は、周りと比べて太っていました。制服を着ることでそれが浮き彫りになったような気がして、こんな服捨ててやりたい、と毎日何度も何度も思いました。

私服というのはこの頃から、自己表現の一つだったような気がします。学校に通うこと以上に、その制服に袖を通すことが嫌でした。あまりにもそれが昂じて、癇癪《かんしゃく》を起こしワイシャツのボタンを破壊したことを強く覚えています。

体育の授業の前には、必ず着替えがあります。そこで僕の体型の話をされることは稀ではありません。おまけに運動が得意ではないので、授業中も浮いていました。「そんなに動けないと、メタボになっちゃうよ？ あ、もうなってるか（笑）」などというセリフが今も頭に残っています。

夏頃、クラスの女の子が話しかけてくれました。休日の遊びの誘いでした。一緒に出かけたのは、七人ほどだったと思います。

誘いを受けた僕は大変嬉しく、楽しみにその日を迎えて、終盤までかなり楽しかったような記憶です。ただ、帰る直前、僕がトイレか何かでみんなの輪をあとにし、戻ってくる時に、聞こえてしまいました。

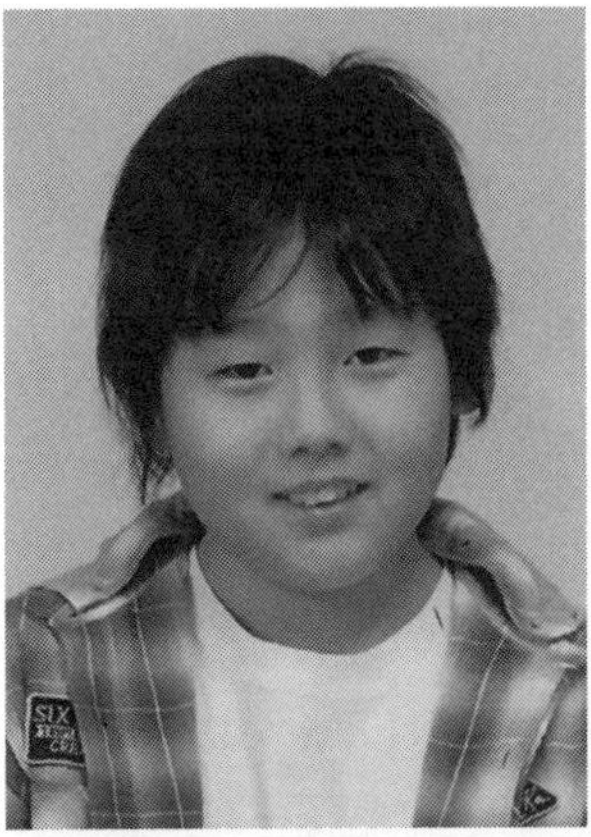

上：12 歳頃
下：15 歳頃

――誘ってみたけど、ある意味、面白かったよね。

――気持ちわるいから俺は今度からパス。


そんな内容でした。

思わず、聞こえていないふりをしました。誘ってくれるだけでも当時の自分は嬉しかったので、ショックではありましたが、受け流していました。

その後も、同じような子から遊びに誘われることがありました。その度に自分は、お情けで誘ってもらってるんだから、面白くしよう、突飛なことをしよう、好かれるようにしよう。とできる限りのパフォーマンスを心がけていました。

一年生の秋頃から、母親にもらったお小遣いで、そのメンバー全員にお好み焼きやお菓子を奢ることが習慣になっていました。そうでもしないと遊んでもらえない、と思っていましたし、苦痛だとも思っていませんでした。

それでやり過ごせるならと、中学校二年生になる直前まで、ＵＦＯキャッチャーやカラオケなど、そういうやりとりは続いていたと思います。

このように書いてくると、なかなか悲惨な状況に映るかもしれません。でも、僕自身は、とても楽しかった記憶があります。……なぜなら、いじめられていなかったから。

ドラマで何度も見たような嫌がらせは受けていないし、遊びにも誘われる、ネット上や自宅に帰ると居場所があって、やり過ごせるのならそれが一番得策だ——と考えていました。

いじめのきっかけ

中学校二年生になりました。

それまでと特に変わらない日常でした。学校へ通うことより、ネット上の方が楽しいのは明白でしたが、それでもこんな自分と一緒に遊んでくれるならという考えに変化はありません。しかし春ごろからだったか、ある事件が起きます。

とある公園にいつものメンバーで集まると、突然、公園の遊具に、友人の何人かが悪口を書き始めたのです。

その遊具にはすでに、沢山の悪口が書かれていました。イニシャルで誤魔化されているものもあれば、生々しい内容がそっくりそのまま書かれているものまで。

それは夥しい数だったと思います。衝撃的でした。

自分も書かなければ、今後一緒に遊べなくなる、学校に居場所もなくなる。

――そう思い、僕も、当たり障りのないようなことを書きました。けれどそれは、大きな間違いでした。

当然、後日バレました。クラスの前に立たされ全員に謝り、公園へも謝罪し、落書きを消しにいくこととなります。

バレたのは、僕を含む三人で、全員はバレませんでした。が、主犯は僕だったことにされました。……よくあること、だと思います。

その日から、僕の学校生活は一変しました。もちろん、友達なんて一人も居なくなりました。ある意味、自業自得です。

クラス全員から〝いないもの〟として扱われ始めます。プリントを配布される時、必ず「反省の色が見えないよね」「反省してる?」などと言われて、持っていたノートに、反省反省反省と殴り書きをする毎日。

そのうち、上履きがなくなります。高価な文房具から盗まれ、壊されます。ペンケースを三階のクラスの窓から捨てられます。

体育の授業が一番苦痛でした。以前より太っていて、もはやいわゆる肥満体型でした。一六〇センチに満たない身長で七〇キロ程度の体重。男子生徒からは着替えの最中に何度も「メタボリック」と揶揄され、運動が不得意なために授業中にももちろん省かれます。

大変苦痛でした。この本を書くまで、こうした一連の出来事は、母親含め誰にも話したことはありません。

なぜなら、……自分のせい、だと思っていたからです。

やがて、夏休みになりました。

その夏休みの間、一度も友達と遊んだ記憶はありません。

学校という存在が日に日に恐ろしくなります。学校の友人と外で会うことも。これほどまでに恐ろしい八月三十一日はありませんでした。そのタイミングで、体調を壊してしまいます。

新学期が始まって、三日ほど休みました。しかし体調はすぐに全快したものの、どうしても学校に行きたくない。あの手この手を使って、母親に言い訳をし、約二週間ほど経った頃——もう取り返しがつかないことに気づきました。

その二週間でどれだけの人間が自分の悪口を話していたのだろう。自分の席はどうなっているのだろう。——と考えると、どうしようもない気持ちになりました。勉強だってもう、二度と追いつけないと思いました。

そこから、僕は全ての原因を〝自分の体型のせい〟だと思い込むようになりました。母親には「痩せたら学校に行く」と言いました。

自分でも、そう思いたかったのです。痩せて見た目が変われば、いろんな人の僕を見る目が変わって、居場所が自然とできるはず。それ以外に、好転の方法が思いつきませんでした。

ここから、僕の不登校生活が始まります。

不登校生活

三日が二週間になり、一ヶ月になり、一学期になり、……自分では、延ばすつもりなんてありません。

結論から言うと、僕は高校生になるまで、中学に通うことはできませんでした。

学校に行かない日々は、毎日が自己嫌悪と逃避の繰り返しです。癇癪を起こすことも稀ではなく、ものにやつ当たりをするようになります。

母親はパートで働いていたので、日中は家にいません。ですが、僕が学校に行かないことを責めるでもなく、たくさんたくさん力になってくれようと、いろんな方法を一緒に考えてくれる、すごい人です。

僕は、そんな母親に一生心配をかけてしまう子になってしまうのか。毎日毎日、実は呆れられているのではないだろうか。どうして期待に応えられないいんだろう。どんどん〝嫌な自分〟になっていくことが怖くて、仕方がありませんでした。行っても地獄。行かなくても地獄。――頭の中で、そう堂々巡りする生活でした。

朝が来るのが怖い、ということが当たり前になりました。毎朝、母親と話し合い、時には涙することもありました。それでも、行けない意志を伝えて、部屋にこもってしまいます。

その上、あまりにネット上に居場所がありすぎました。

オンラインゲームにログインすれば、誰かがいる。受けていたイラストの依頼を進めることもできる。ボーカロイドやゲームを使ってニコニコ動画へ投稿する動画を制作することもできる。

それは、毎日好きなことをやっているのにも関わらず、大変空虚で苦しい時間でした。お先真っ暗なのに、何も変えることができない。〝自分はこうなりたくなかった〟というビジョンの中に、「不登校」という文字はずっと前からあったはずなのに。自分は周りの中学生と全く違う、異常者で弱者だ。一生社会復帰できない。――

当時の僕は、その状態で居続けることも、何かを変えようとすることも苦痛でした。そのために、とても視野が狭かったと思います。

秋頃から、真剣にダイエットを始めました。母親は大変協力的でした。いろんなメニューを考え、必死で痩せようとする僕を支えてくれました。

それと同時期ぐらいに、癇癪も酷くなります。今の現実が嫌で、太っている自分が嫌で、何もかも醜い。でもこの環境を脱することはできない。八方塞がりだ。そういう気持ちが自分を焦らせ、気づくと叫んでしまっていました。壁を殴って穴を開けたり、机を殴ったり、地団駄を踏んだりしていました。

そんな自分にも、母親はパートに向かう前、手作りのヘルシーなご飯を用意して、毎日手紙を書いてくれていました。

「カロリーはなし、栄養はあり！」

「今日は雪が降っているから暖かくしていてね」

どうして学校へ行くという単純なことができないのだろう。自分はどうしてこんなに人に迷惑をかけてしまうのだろう。……と毎日考えていた自分にとって、それは〝ここにいていいんだよ〟というメッセージになっていました。大人になった今でも、その手紙はとっています。

冬ごろ、深夜に一人で出歩くようになります。コンビニや近くのツタヤへ行って買い物をして帰ってくるだけです。少しでも社会復帰をしたいと思っていました。でも、いつ学校の人といつ出くわすかわからない。そのため、朝の四時から五時が、自分の出かけられる時間でした。

そんな時、ふと寄ったツタヤの雑誌コーナーで、「UTAU」というボーカロイドのフリー版ソフトの音源が付属された雑誌を見つけます。「UTAU」の存在は知っていました。それ以前から、自分で声を録音して音源を作ったり、ネット上で知り合った人の音源を制作するサービスのようなことをやっていたこともあります。

そのソフトは金田朋子さんという声優さんの声で、ボーカロイドのように遊べるもので、嬉々として買って帰りました。

僕はそこから、金田朋子さんの声にハマり、声優さんという職業を深く知ろうとします。

声優への憧れ

金田朋子さんは、元々コンプレックスだったという、自分の声を職業になさっている方でした。僕は素直に金田さんの声が大好きで、色々なコンテンツやエピソードを見ていくうちに、声以外の部分にも憧れるようになりました。

特に今でも憧れるのは、「私みたいな人もいるんだから、自分はまだ大丈夫って思って欲しい！」というような言葉でした（朧げな記憶ですが、確か公式ブログの一節だったかと思います）。アルバイトをしていた際の失敗談や、声優になってからも漢字が読めないなどさまざまな自分のネガティブな部分を隠すことなく発信し、それをポジティブに話す姿に、強く憧れを抱きました。

当時、僕自身も物凄くコンプレックスだった声というものを職業にしている人がいて、こんなに笑って楽しく話してくれている。それが、以前から声優として大好きだった金田さんで、本当に嬉しく思いました。自分も、もしかしたらいつか、ネガティブな部分を発信することで、誰かを元気にできるかもしれない——という可能性を感じました。そこから、声優という職業について深く考え、よりエンタメの世界にはまっていきました。

元々アニメは好きでしたし、何より人の声が大好きでした。小さい頃からPCで人の声を編集しては楽しんでいたこともあり、浸かっていくスピードは自分でも本当に早かったな、と感じます。でも、声優さんという観点からはアニメを見たことがなく、それ以降、キャスト欄を特に注目するようになりました。金田朋子さんと共演されている方を始めとして、いろんな名前をどんどん知りました。特に印象的だったのは、中原麻衣さん、神谷浩史さん、松来未祐さんの御三方。神谷浩史さんから「デュラララ!!」を知り、中原さん・松来さんからはそれぞれ、ラジオコンテンツを知りました。

その一連の流れが全て、上京のきっかけになります。

声優になりたいと思ったきっかけは金田朋子さんでしたが、東京への憧れや現実的なアプローチはおそらく、「デュラララ!!」との出会いがあったからだと思います。高校生が池袋で一人暮らしを始め、さまざまな愛と人間の物語に奔走していく……日常的でありながら、とても非日常的でもあるストーリーで、中学生の僕は強く憧れました。何としてでもこの現状を打破するには、自分は東京に行かなければ——と、その時の自分は、取り憑かれたように思っていました。それからというもの、僕は母に繰り返し東京に行きたいと話すようになります（今思えば、とんでもなく脈絡のないわがままです。それでも聞く耳を持ってくれた母親には本当に感謝しています）。

また、僕はどちらかというと、アニメよりも、声優さんが発信する他のコン

アニメ「デュラララ!!」DVD第一巻（2010）

テンツの方が好きでした。一番好きだったのはラジオで、その中でも、中原麻衣さん・松来未祐さん・新谷良子さんの三人がお話しするラジオは格別でした。声優という職業へのあこがれをより強固にしていったのは、確実にラジオコンテンツだったと思います。

ラジオは本当に魅力的でした。今のYouTuberのように、一人で居ても誰かの話を聞ける。いろいろな人と関わっているような気分になれ、価値観の共有（好きなもの、流行など）ができる。僕が声優になったとして、一番やりたい仕事は、今も昔も変わらず、ラジオのパーソナリティだと思います。絶望のうちに自分を救ってくれた、パワーのあるコンテンツです。

そのころの僕は、今の自分が〝演じる〟ことが好きなのと同じくらい、誰かに自分の話を聞いてもらう、自分の言葉を誰かと共有する、ということが好きで、それをプロとして行なっている方に憧れていたのでしょう。それは、そのころの僕が日々、ほとんど誰とも話せなかったからということもあったと思います。

上京

中学三年生に進級するころ、本格的に進路を考える時期になりました。ちょうど同時期に、東京へ行きたい、という話を母に伝えていました。もちろん、当初はあまり現実的ではありませんでした。裕福な家庭という訳でもなく、東京に知り合いがいるわけでもない。でも僕は、東京に夢を見ていました。それと、今の自分の勢い無くしては、一生上京できないんじゃないか、とずっと考えていたこともあります。高校に進学をしてしまってからでは遅い、自分はここで上京をしなければ変わることはできない――とどこかで諦めていましたし、この機会を絶対に逃したくない、と母に伝えていました。

母には相当な負担だったと思います。それでも、母は、祖母に相談をしてくれました。金銭的な援助以外にも、土地勘のない場所での職探し、友人関係……たくさんの不安がある中、僕のために一念発起をしてくれたことには、僕は今後一生、感謝をし続けなければならないと感じています。

そして、約十年経った今、そのころの自分にも、訴え続けてくれてありがとう、と伝えたい。

どんな選択肢を選んでいても、実際に経験してみないことには、どういう結果になるか分かりません。でも、あの時上京していなかったら、確実に出会えなかった人や選択肢が、たくさんあったと今も感じます。

母、祖母の協力により、中学三年生の十二月に、僕は上京をします。おそらく受験をしたことのある人なら考えられない話かもしれません。学校によっては、受験に間に合わない可能性もある時期です。

東京に来た後でその現実を知りますが、運よく志望校が見つかりそのまま受験。といっても難しい試験等ではなく面接と簡単なテストでしたが、僕にはハードルが高く、当日は物凄く緊張したのを鮮明に覚えています。

初めての受験に合格するという成功体験は、学校生活を送るにあたって、大事なものでした。

高校生活が始まってすぐ、僕はさまざまな専門学校の体験入学にも行くようになりました。高校で居場所を作るより、その方がよほど楽だったからだと思います。僕が通っていた高校は、昼間定時制・単位制の高校、いわゆるチャレンジスクールと呼ばれる学校です。さまざまな偏見があることは承知の上で僕は、とても素晴らしい場所だったと思います。明らかに浮いている自分にも友人ができることになるのですから。

授業も、当時の自分にとって馴染みやすいものでした。足らない学力を補うような必修以外は、自分の好きなことが学べます。僕の場合は演劇やイラストでした。まさか、学校で演劇の勉強ができるとは思いませんでした。

一年生時は、とにかく東京に慣れることで精一杯でしたが、それでも学校を休むことはなくなりました。本当にたくさんの人たちの助けがあり、運も味方をしてくれたおかげで、居場所ができました。

でも、入学前の当時の自分から、高校にも通えなかったらどうしよう、と今の自分が相談されたとして、具体的に何をしたら良かったのか、などと答えることはできません。なぜなら、自分の中の何かを変えたおかげで通えたのではなく、そのほとんどは、環境を変えることができたから、なのです。

環境を変えたことで、僕のことを知っている人はいなくなりました。周りの人たちも受験をして寄り合う人たちなので、ほぼ全員初めましての状況です。その上チャレンジスクールでしたから、積極的に友人を作ろうというようなことも起きず、輪の中から阻害されているような感覚はありませんでした。クラスにいることも少なく、授業がある時間に登校し、授業が終わったら帰宅するという毎日のため、授業以外で顔を合わせることが比較的なく、コミュニケーションが不足していた僕にとっては最高のリハビリ環境でした。

また、そこでできた友人にしても、僕から話しかけたわけでも動いたわけでもなく、運よく話しかけてもらえた・巡り会えただけなのです。

友人を無理に作ろうとすると、僕にとってはマイナスに働いていたような気がします。

友人がいなくても大丈夫な環境を作ること、そういった環境に身を移すこと。それが一番重要で、何事も、固執しているうちは難しいということなのかもしれません。きっとそのうち、自分に合った人が見つかります。なので、あえていえば、嫌悪感を抱くような人からはできるだけ離れる、ということも処世術の一つとして教えたいです。

声優養成所へ

高校二年生に進級しようとしていたころ、僕はまた母親に無理を言って、声優養成所への入学を懇願します。

当時、母はパートをして家計を支えてくれていました。かなり困窮していたと思います。が、そんな態度を微塵も見せず、快く協力してくれました。

母は今でも、僕のやりたいことを全力で支えてくれる人です。本当にすごいことをずっとしている、と感じますが、高校生の自分にとっては、ありがたく感じることが少なかった気がします（申し訳ない）。

二〇一四年四月。

はじめて声優養成所へ入所し、憧れの声優の世界へ一歩を踏み出します。

しかしすぐ、その異様な環境に戦慄しました。上下関係のある社会を経験したこともなく、部活動というものも経験したことがない自分にとって、声優養成所はまるで、ドラマで見るようなスパルタでした。実用的なこともたくさん学びます。感情の動かし方から滑舌・体づくり・オーディション対策など。でも、そうした具体的なアドバイスを凌駕《りょうが》するほどに感じたのは、社会というものを学んで良かったな、ということです。

高校生活では考えられないほどコミュニケーションを学べました。自分が今までいかに話を組み立てられていなかったか。人の話を聞いていなかったか。たくさん叱られましたし、怒号も聞きました。いまもう一度戻ってやり直したいか、と訊かれるとノーと答えたくなるほどの苦痛な経験がたくさん芽生えた一年間でしたが、それを乗り越えたのだから、後のことはなんでもやれるだろうという自信がつきました。

声優養成所には、入所して約一年が経つと、お抱えの事務所へのオーディションがあります。極めて狭き門ですが、優秀な人は合格し、そのまま事務所へ所属することとなります。数万人いる養成所生が全員受けるオーディション、その中から年に選ばれるのは多くて数十人。なのに、僕は入所してからずっと、自分は選ばれる。選ばれなければ未来はない。と考え、一日中、養成所で教わったトレーニングのことだけを頭に生活していました。高校で周りにいた人たちは、変だなと感じていただろうと思います。

平日の授業を受けている時ですら、体育など体を動かせる際には常に姿勢や呼吸の練習をしていましたし、家に帰ってから寝るまでの時間は、ほとんど基礎練習をしていました。学校が休みの日には、一日六〜七時間カラオケボックスへ通い詰め、歌の練習をしていました。

受かると信じていたからです。後悔はしたくなかった。自分に落ち度があって不合格になってしまうことに耐えられる自信が全くありませんでした。そのため、精神的に不安定になり、母にも迷惑をかけていたと思います。

声優への挫折とジュノン

そして訪れる冬。不合格になり、人生で初めての挫折を知ります。

文字通り、未来が見えませんでした。

でも、そのころは高校三年生。未来が見えない、なんていってる場合ではありません。一年間必死でやってダメなら諦めよう、と決めていたこともあり、その頃の写真をいま見ると、立ち直りの速さにびっくりします。

それまで、友人と遊ぶことはたまにありましたが、反動でより毎日、いろんなところに出かけるようになりました。上京してきてから一度も行ったことがない渋谷にも、初めて行きました。

あらためて考えると、あんなに毎日出かけていて不安にはならなかったのかな……と不思議に思います。

努力し続けることはもちろん大事なはずですが、そういった時間が自分を作り上げていったような気もします。元々東京に憧れがあったので、いろんな場所を巡ることが楽しくて、東京出身の友人に色々と連れていってもらったり、最後の学校生活を真剣に楽しんだりしていました。

そんな中で、何がきっかけだったか、友人と本屋に寄った時、「ジュノン」を見つけました。星乃珈琲店でスフレパンケーキを頼みながら、半ばやっつけで応募してみたことを覚えています。

それがなぜか一次審査を通過し、二次審査、ベスト50まで残るとは全く考

コンテストに応募した頃
（「JUNON」2015年9月号より）

えていません。当時は、声優の夢を諦めていたとき。もう一度、表舞台に経つ職業を視野に入れることは、自分にとってかなり怖い選択でした。でも、また夢を見たい――と思ってしまったのも事実で、友人とひとしきり盛り上がった後はすぐ、真剣に進路として頭に入れていました（あらためて考えると、驕っているな……と思います）。

ジュノンスーパーボーイコンテストも、声優養成所と同じく、自分にとっては未経験の場でありましたが、当時は雑誌とＷＥＢにて投票を募る、という至ってシンプルなものでした。

ブログで日々を綴り、自分を応援してくれる方をできる限り増やして順位を上げていく、という仕組みは、中学校で「ペアを作れ」と言われて残る自信しかなかった僕にとっては諦めたくなるようなことでしたが、ある決意をします。

ネットに本名を晒してみようと思いました。そもそも、本名でコンテストを受けるのですから、当然、世の中に顔と名前は出ますし、ジュノンのＷＥＢサイトにも掲載がある。それなら、今まで自分がネットで活動していたアカウン

初めて素顔でネットに投稿した〈踊ってみた〉動画（2015 年）

トで本名を晒しても構わないだろう、と思いました。
そして、顔が出てしまうのなら、元々好きだった〈踊ってみた〉も気にせず動画サイトに投稿することができると思いました。
二〇一五年九月ごろ、〈踊ってみた〉を初めて投稿します。
それから、コンテストでは望み届かずベスト50で敗退となり、またしても挫折を経験することになります。意外な副産物が〈踊ってみた〉でした。そこから十年近くも続けることになるとは、全く考えていませんでした。

ミルクボーイとの出会い

高校三年生の秋頃といえば、進路を考える時期です。僕はまたしても迷うことになりますが、話は少し戻り――高校二年生の頃、僕が洋服を好きになるきっかけの話になります。

一人のクラスメイトに、

「八田くんって、ミルクボーイが似合いそうだよね」

と言われました。

声優の夢に奔走していた頃、洋服は二の次で特に頭にはありませんでした。が、全く興味がなかったわけでもなく、むしろコーディネートを考えることは好きな方でした。そのブランド名を調べると、衝撃を受けました。

メンズブランドに、あの「下妻物語」のようなリボンやフリルをあしらった洋服があることに驚きました。甘すぎず、取り入れやすい、それに加えて独特

衝撃を受けた、ミルクボーイの水色ブラウス

のリアリズム・ダダイズムのようなダークさが僕を虜にしました。アルバイトをしていたわけではなく、当時家計は火の車でしたので、すぐに手に入れることは叶いませんでしたが、養成所を辞めた頃、始めてのアルバイトを経験し購入した水色のブラウスは、今でも思い入れが深いです。

洋服を作ったことは、それまで一切ありません。「下妻物語」を見て刺繍に憧れ、手芸材料店でレースや小物を買い、人形に手縫いで作った粗末な服を着せたことがあったのが小学生の思い出です。ミシンも全く使えませんでしたが、ぼんやりと、自分には手に職をつけないと夢を見ることはできないと感じていましたから、学校で最後の授業を選択するときには被服系の科目で固め、進路もすぐに舵を切り、「ショップ店員になって知名度を上げてからもう一度、演じる仕事に就けるよう回り道をする」という選択に落ち着きました。

母にはたくさん相談しました。二度挫折をしてしまったからこそ、なのでしょうが、絶対に自分には〝演じる〟ということや、ラジオ・ドラマ・アニメを諦める選択が全くなく、それでも性格上、後先考えずに夢にもう一度飛び込む勇気はない、ということを伝えました。その結果、何度も泣きながら、どう生きていったらいいかわからない、といって母を困らせてしまったことも鮮明に覚えています。

服飾専門学校へ

絵を描くことは昔から大好きでした。でも、ミシンを動かすことや立体を平面で捉えることにはものすごく抵抗がありました。また、市販の型紙には「グレーディング」といって、一枚でいろいろな体型の方が作れるよう、一見どの線を採用したらよいかわからなくなるほどたくさんの線が引いてあります。専門学校で学ぶ前の自分には何もかもがわからず、苛立ちます。一週間に一度の授業のため、一枚のブラウスを作れるようになるまで二ヶ月かかる始末。それも、工程など全く覚える余裕もないまま一通りの授業が終わってゆき、不安材料ばかりの進路となってしまいました。それでも、自分の人生を顧みたとき、これから夢を追える可能性のある選択肢がその頃、他に見出せず、そのまま突き進みました。

僕は昔から、何事もその場で結論を出そうとする癖があります。その日のうちに何もかもを決めてしまいたい、次の日から行動したいというタイプだったので、進路についても同じでした。

一通り考えを頭の中や誰かとの話し合いでブレストをして、それを消していく作業が好きだったのかもしれませんが、様子を見る、待つということがとにかく苦手で、すぐに納得のゆく方向へ話を終結させ、舵を切って何か行動を起こさなければならないという自分ルールがあったため、入学した後の不安など考えていませんでした。深く考えてしまうと動けなくなる——ということを、潜在的に悟っていたのかもしれません。

それともう二つ。家庭が困窮しているにもかかわらず、進学を進めてくれる母や祖母の期待に応えたい。声優養成所に耐えられたのだから、これからどんなに難しい壁が立ち塞がっても大抵のことはやれるはず、という謎の自信。この二つがあったからこそ、ミシンが大嫌いで、ほぼ未経験の、服飾という世界に飛び込むことへの恐れがなかったのだと思います。

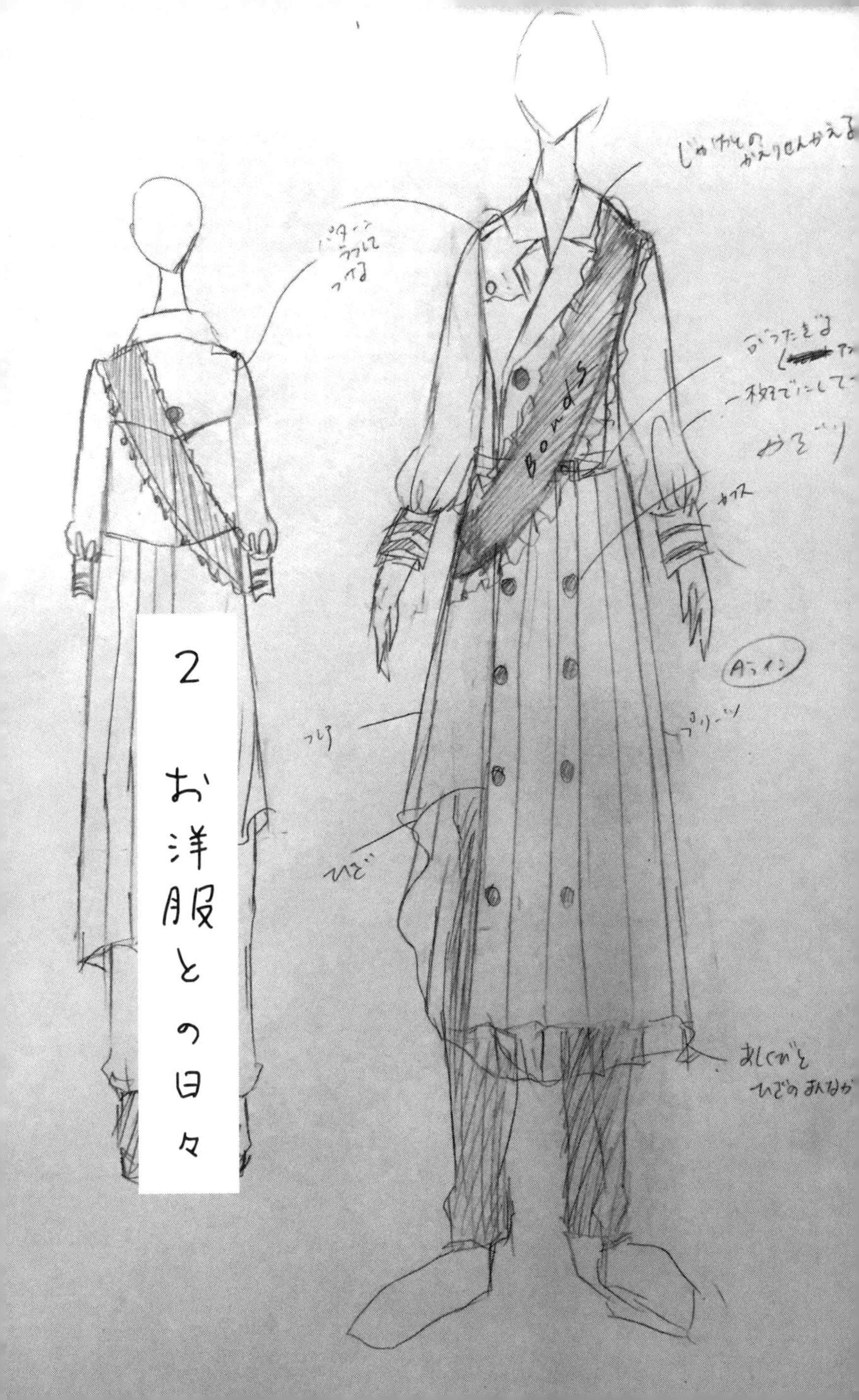

2 お洋服との日々

専門学校での日々

大変長くなってしまいましたが、ここからが洋服の話になります。

テレビアニメ「ローゼンメイデン」、映画「下妻物語」等に出会ってから約十年、初めて本格的に洋服の成り立ちから実際に制作していくわけですが、そのスピードは凄まじいものでした。最初は到底、ついていくことなどできませんでした。

専門学校は朝九時から夕方五時ごろまで、昼休みを挟んで授業があります。授業外での課題が多いこと、授業のスピードが速いことは、おそらくその手の専門学校に通われた方ならわかるかと思います。どんなに高い壁が来ても大丈夫、とたかを括っていた自分が本当に馬鹿だったと気づきました。それでも、心が折れなかったのは声優養成所での経験や、専門学校でできた友人・先生方の助けがあったからこそでした。

初めて制作したワンピースのトワル

僕が授業についていけなくなり、課題が提出できず、周回遅れで休日にやらねばならなくなったときも、図解で説明をして連絡をしてくれる友人がいました。この友人がいなかったら、僕は入学して三ヶ月で辞めていたかもしれません。

他にも、授業内では間に合わないと思い、毎朝学校が開く一時間前に登校していたら、授業前にも関わらず縫製などを教えてくれる先生がいました。

そうした人たちや環境に、本当に助けられ、なんとかやめずに卒業までの日々を過ごすことになります。

絵を描くことは好きでしたし、多少の自信があったものの、他はさっぱりでしたから、入学してから夏休みに入るまでが特に大変でした。

原型、裏地付きスカート、ワイシャツ。ここまでやっと三ヶ月です。その間にも、ファッションビジネスの授業、スタイル画の授業、発想や色の授業、さまざまなカリキュラムがありますが、僕は縫製の授業が最後まで苦手でした。

一番不得意だったのは、ドレーピングです。説明書や師範に食らいつくことで必死でこなせるものではないからです。手や目の感覚で良し悪しが出る、いわゆる不確定要素が大きいものが本当に苦手で、昔から工作なども嫌いでした。

言い方は悪い気がしますが、すぐに壊れてしまいそうなものが、なんでも苦手です。

逆に言うならば、必死でメモを取って何度も何度も同じことを繰り返せば、なんとか縫えるようにはなります。そこからパターンへの理解や、大きく括れば洋服はこういう風にできている、というような部分を、二年かけて習得していきます。

ただ、流通となってくると話は別で、どのようにしてデザインから市場に並べるかまでを授業では学ぶものの、実際に頭に入ったノウハウを使いこなす……というような授業は、僕のいるファッションデザイン学科では少なかったような気がしています。

服を作ることと、ブランドを作ること、そしてそれを世に発信していくことは、それぞれ別の分野です。ブランドを実際に作る方法を学んだのは、アパレルブランドで働くようになってからだと感じています。

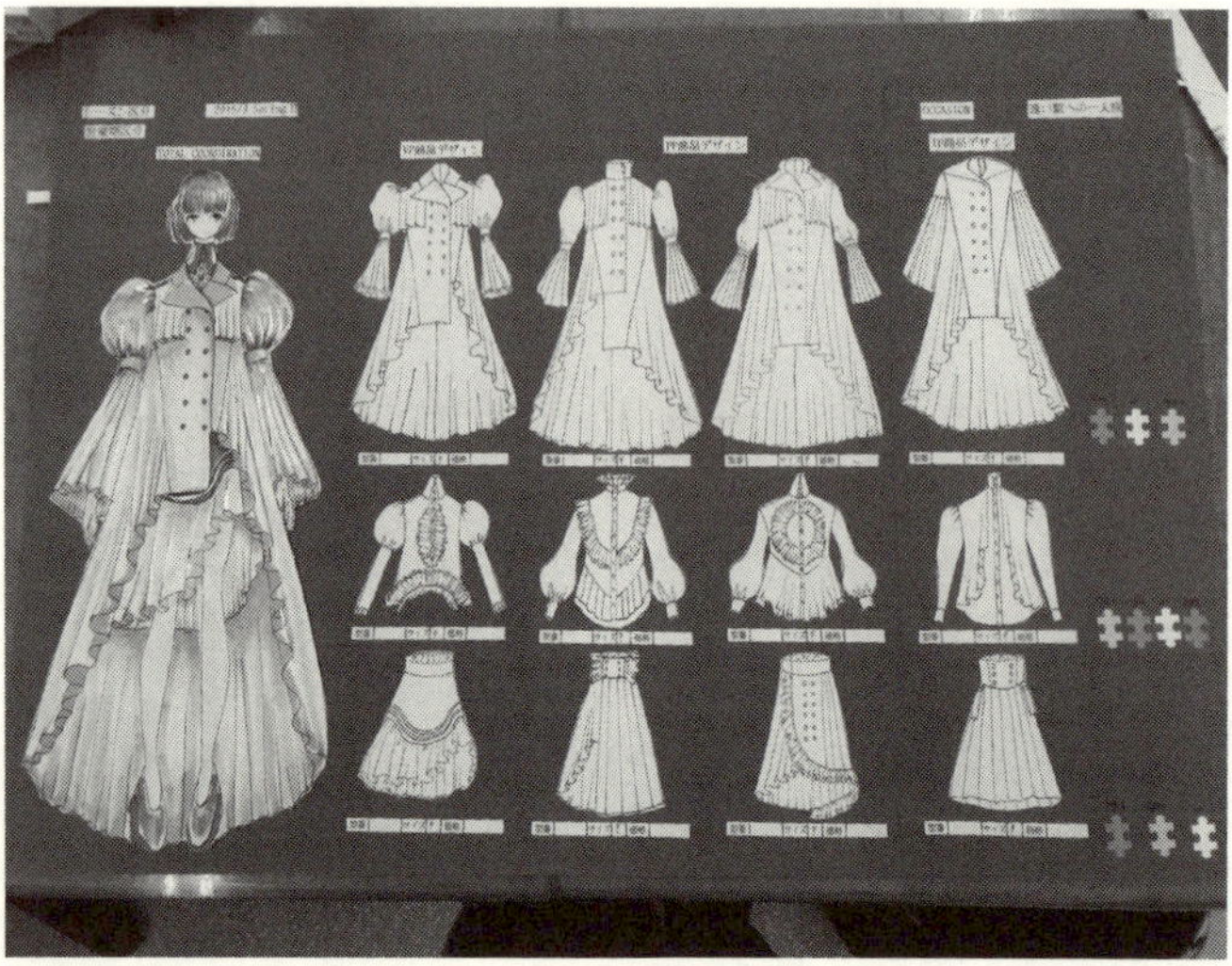

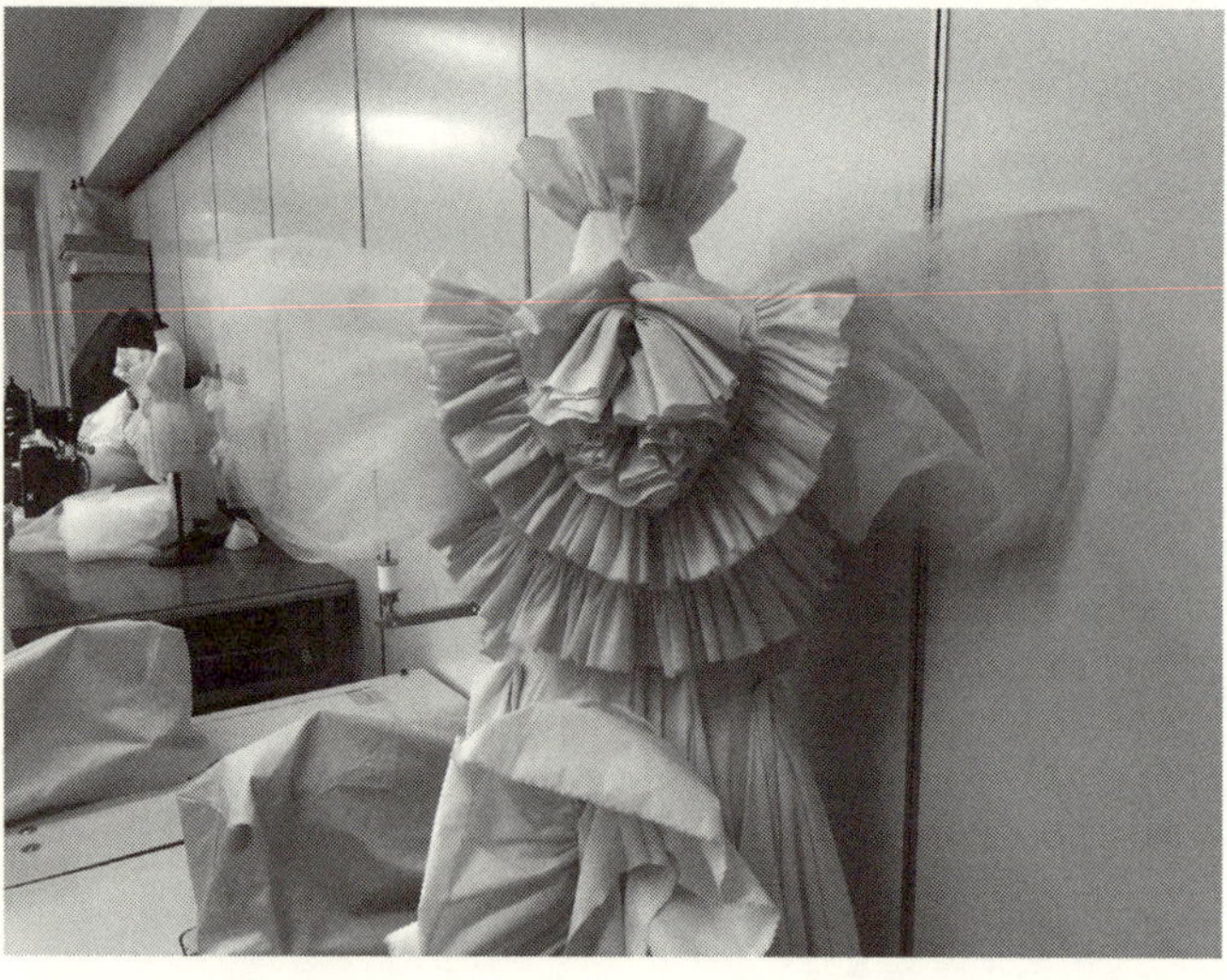

コンテスト用トワル（テーマ：爆発）

もちろん、専門学校でも、それに近いことは教わりました。

特に好きだった授業が、二年生から始まるクリエーション。自分のブランドを作るという前提で、制作したいシーズンのコンセプトやメッセージを設定し、デザインのヒントをいろんな形で探りながらひたすら枚数を描き、作りたいイメージの解像度を上げていく。オリジナリティをさらに出すため素材の提案を検討し、より伝えたい、表現したい服を具現化するためのさまざまなプロセスを、実践して学べました。

のちにブランドを作るにあたり、デザインプロセスを一番学ぶことのできた授業だったとも思います。講師の先生は、実際に東京コレクションで活躍をされているデザイナーの女性の方で、その方からいただくアドバイスひとつひとつが、自分はとても好きでした。授業の中でも一番ボリュームがあり、カロリーも使うものだと感じていましたが、とても楽しかったです。

また、マーチャンダイジングと言って、商品構成を学ぶ授業もあります。先ほどのクリエーションの授業に比べると、よりリアルクローズでの商品の展開や、お客さまはどのように商品を見て購買意欲が湧くか……など、実践的な部分を教わります。最終的には、自分の実店舗を持つという前提で、どの位置にどの商品を置くのか、そのシーズンの主役のアイテム・脇役のアイテムは……などをプレゼンテーションをするため、ひたすら資料を作っていくことになります。

どちらの授業にも共通しているのは、実際に縫うことはなく、リサーチやコラージュをし、デザインをひたすら描き、プレゼンテーションを行うまでという点ですね。

シャリーフへの就職

僕は当時、洋服を作ることはもちろん好きでしたし、楽しいと感じていましたが、本当は表舞台で演技をしたい——自分の夢がなんなのかわかっていなかったものの、そういう確信はあったので、そのためには、好きなものに囲まれた店でアパレル店員になって、名前を広めることが第一目標でした。

なので、専門学校一年生の時から憧れだったミルクボーイでアルバイトをするため、募集もかかっていないのに履歴書を何度も送ったりしていました。一度だけ電話が来たことがあります。ただ、当時は専門学生。週五フルタイムで働ける方のみというお返事だったため、一度諦めました。

そうして、授業内やいろいろな場所でブランドを学んでいくうち、一つのメンズブランドを見つけます。それが、のちに働くことになる「シャリーフ」でした。

シャリーフとの初対面は、セレクトショップ。チェック柄で妙にボタンの感覚が狭いリボンが特徴的なシャツでした。中世ヨーロッパのようなボタンの配列に、ミニマルで可愛らしい襟、そこに大きなリボン——というのは、僕の中でまたしても衝撃で、王子様のようで詩人でもあるような、それでいて退廃的でメルヘンな世界観に、すぐに虜になりました。

またしても結論が早い僕は、すぐに働けるチャンスはないかと考えます。考え始めると、むしろそこ以外に選択肢がないほどでした。

当時は専門学校二年生の春前、就職活動が本格的に始まろうとしていた時期

シャリーフ時代

です。走ってコンビニに履歴書を買いに行き、駅で証明写真を撮影し、そのまま書いて夜中にポストへ投函したのを鮮明に覚えています。

もちろん、それ以外にも、どうしても就職はしなければならないものだと考え、別の会社を受けたこともあります。結果的にはシャリーフにはアルバイトとして採用、正社員になれるかどうかはわかりませんでしたが、自分は他の会社で働く未来よりも、憧れの洋服を着てアパレル店員をし、お店も自分も知名度を上げて居心地の良い場所を作る。そんな未来しか見えておらず、いつの間にか時間は過ぎ、専門学校を卒業、そのまま正社員として採用されることとなります。運がいいと思っていました。

その頃、僕は全く自分のブランドを出すことなど考えていませんでした。それよりも、毎日が必死でした。

お店で働くことになり、初めて憧れのブランドの洋服を着て店頭に立っている時間は、初めはもちろん慣れないことも多く、自分の無力さに頭を悩ませました。が、鏡の中に映る自分は、今まで見てきたどの自分よりも〝好きな自分〟でした。

しゃべる言葉は稚拙ですし、人との距離感もまだわかっていないのに、なぜか謎の自信が湧いてきます。店員として、見ず知らずのお客様と話せるということが本当にびっくりするほど嬉しくて、自分への信頼になりました。

また、誰かと会話をすることは、その相手にとっての有益な時間にしていくことができるんだ、ということを、先輩方の素晴らしい接客を目の当たりにして知ります。

自分ももっとたくさん話せるように、心地よく有益な時間を過ごしてもらえるように、洋服やお店の歴史についてももっと学んでいきたいと思いましたし、洋服を通して人の役に立つことがこんなに嬉しいことなんだ、という実感が、アドレナリンになっていた日々だと思います。

それと同時に、高校生の時に始めた〈踊ってみた〉の活動も続けていました。専門学校で学んだ知識を活かして、自分で衣装を作って踊るということが楽しくて、お店から家に帰ってはパターンをひいていました。

当時憧れていたアイドルグループ「欅坂《けやきざか》46」の「サイレントマジョリティー」のMVを初めて見た時、スカートはあんなに美しいものなんだと再認識し、帰ってから、どうしたらあのスカートを作れるのかを眠らずひたすら研究していたのを覚えています。

その時期、一気に、自分の洋服への愛情が、点が線になるようにつながっていきました。

事務所への所属

そんな中、先に述べた〝必死〟の中には、芸能事務所へ所属することも頭に入っていました。そして、正社員として採用された年の冬、現事務所「プラチナムプロダクション」への所属が決まります。またしても、運がいいと思いました。アパレル店員として活動する傍ら、演技の世界でも仕事をし、お店も自分も……と夢を見ていましたが、そう簡単に両立はできません。

翌年の四月、店を退職することになります。

それからブランドを出すまでの約一年間、自分がどれだけ無力な存在かを感じることになります。シャリーフを退職したのは、事務所に所属しながらアパレルの仕事を両立させるのが様々な部分で難しかったから、というだけ。自分の演技が常に求められているわけではありません。いつチャンスが来てもいいような職業に転職して一年間、どう過ごせば良いかわからず、派遣社員と呼ばれる雇用形態で、朝の十時から十九時までシフト制で働いていました。

しかし、特に目標や好きなものがあるわけではない会社で働く毎日を続けていくことも、当時の自分は、難しいこととは感じていませんでした。なんとなく、やっていける気がしていたからです。

働いて、帰ってきて、スケジュールの合うオーディションを受ける。ただ、本当にチャンスは少なく、派遣先に無理を言って出勤時間を調節したり、お休みをもらって二つのお仕事を並行させたりする日々でした。

そんな中唯一楽しかったのは〈踊ってみた〉でした。その頃からライブイベントへの出演も増え、シャリーフで知り合ったカメラマンのイト君と撮影をすることが本当に楽しかった。無我夢中で振り付けを作ったり、流行りの楽曲を踊ったりして休日を費やすことが多かったです。

そんな中、縁のある方に、自分のできる範囲で衣装を提供することが多くありました。

時間があると何かしたいという性格は変わっておらず、何かできることはないかと毎日考えていた自分には、大変嬉しい出来事でした。

僕が衣装を提供することで喜んでもらえるなんて——と考えていたのに、予想を遥かに上回る反応で、最初はかなり戸惑いが大きかったです。

確かに渾身ではありますが、それまで、思っていたリアクションからは遠い反応しかなく、無力さに打ちひしがれていた自分には、本当に嬉しい出来事が連続していきました。一度自分の思うような服をたくさん作ってみて、ブランドとして発表してみてもいいんじゃないか——と思える自信を、育てていってくれました。

今でも、自分が特別素敵な服を生み出せているかどうか、自信があるわけではありません。

もちろん、衣装提供を始めた頃は、もっとずっとありませんでしたし、今よりも技術面で至らない点も多かったと思います。それでも、なぜか喜んでもら

コロナ禍での立ち上げ準備（2020年）

える。自分の服を着て笑顔になってくれる。舞台で、動画で輝いていてくれる。それが、自分にとって大きな影響となったことに間違いはありません。

〝作ってよかったなぁ〟が、〝生きててよかったなぁ〟にだんだん変わっていき、生きる喜びを感じるようになりました。

そんな中、コロナ禍に突入します。

コロナ禍での ブランド立ち上げ

ブランドを作るにあたって考えたことは、僕の元々持っていた〝好き〟の要素を表現すること。〈踊ってみた〉で培った、動きにより映える構造を提供すること。アパレル経験で培《つちか》った、洋服作りのノウハウをできる限り生かすこと。それらに重点を置いて、ファーストシーズンを構築していきました。

そして、洋服を通じて、できれば僕の話も聞いてほしい――と、あらためて思いました。

すごく大きく言うと、お洋服で人生が変わることがある。脆《もろ》くて壊れそうとき、お洋服は味方になってくれて、自分の心が守られることがある。ということを伝えたい。

もっと自分のできることで誰かの役に立ってみたい――たくさん考えたものの、結論を出すまで時間はかからず、一度だけでもいいからやりきってみようと思いました。

世の中がどう変わってしまうのかわからず、転職先からも解雇通告が届き、絶望しそうになっていたからこそ、もう一度、洋服に自分も救われたいと思っていたのでしょう。だから、一回限りでも楽しくやれたらなと考えたところからが、ブランドの始まりです。洋服の力というのは、本当に、現実にある魔法のようです。

心が壊れてしまいそうな時、強く可愛く生き抜く魔法をかける服。

というのが、ブランドのコンセプトです。

僕には、今を生きるいろんな人の苦労や苦悩を直接目で見ることはできないし、その場に行って助けることもできない、視野が狭くなってしまっている人に求めている言葉をかけることもできないけれど、もしかしたら昔の自分のように、少しでも何かが変わったようなことが起こる望みをかけてみたい。どんな状況でも、自分に負けないでほしい。可愛くあることを諦めないでほしい。自分の弱い部分が人生を蝕《むしば》んでしまっても、環境を変えたり視野を変えたり、いろんな選択肢があって何度でも変身できる、生まれ変われると信じてほしい。

そんな願いがこもった一文です。

どんな人に着て欲しいかを考えたとき——笑いながら涙を流しているような、

抱えた不安やしがらみを隠して周りを幸せにし続けているうち、自分の幸せだったり可愛く生きることに疲れてしまったような。そんな人が、いつの間にか頭の中のミューズとして確立されました。そして、僕にとっては、西井万理《まり》那《な》さんがそのイメージにピッタリでした。

お声かけしたのが、二〇二〇年の春ごろ。元々〈踊ってみた〉のライブで共演したことはあったものの、当時は交流が深いわけではなく、僕はほぼパブリックイメージのままで西井さんを捉えていました。

そのため、お受けしてもらえるとは全く思っておらず、快諾のお返事をもらった時は、これはやるしかない――とより一層、ブランドのイメージが固まった瞬間でした。

ファーストシーズン

ファーストシーズンのテーマは〝天使〟。

天使（2021SS）

まるで天の使いのように自分の身を削って誰かを、何かを愛している人、日常に疲弊しても、たとえ涙が流れようと笑顔を届け続けている人に、自分をもっと愛せるようなお洋服を作りたいと設定したテーマです。

当時は家庭用の約四万円のミシンでサンプルを制作し、友人に着てもらったり、ボディに着せつけをしたりして、サンプルを作っていました。今比べると、過去一番の準備期間の長さでしたが、型数は今の半分以下で、制作スピードもあれから上がったんだな……と感じることもしばしばあります。

アパレル店員時代からお世話になっているイトくんに連絡を入れたのは春の終わりごろ。それからルック（そのシーズンのお洋服をコンセプトと織り交ぜてわかりやすく紹介する写真）を撮影する夏の終わりまではひたすら制作と修正の繰り返し、縫製よりもパターンをひいている時間の方が長かった気がします。

自分の描く天使像をいろんな形で表現するべく、専門学校時代の資料や過去に自分が制作したパターン、デザインを掘り起こしては修正したり、時には一日に何枚も何枚もパターンを起こしてはボツにしたり、完成間際で取り返しの

2021SS の資料より
右：図案 A
下：図案 B

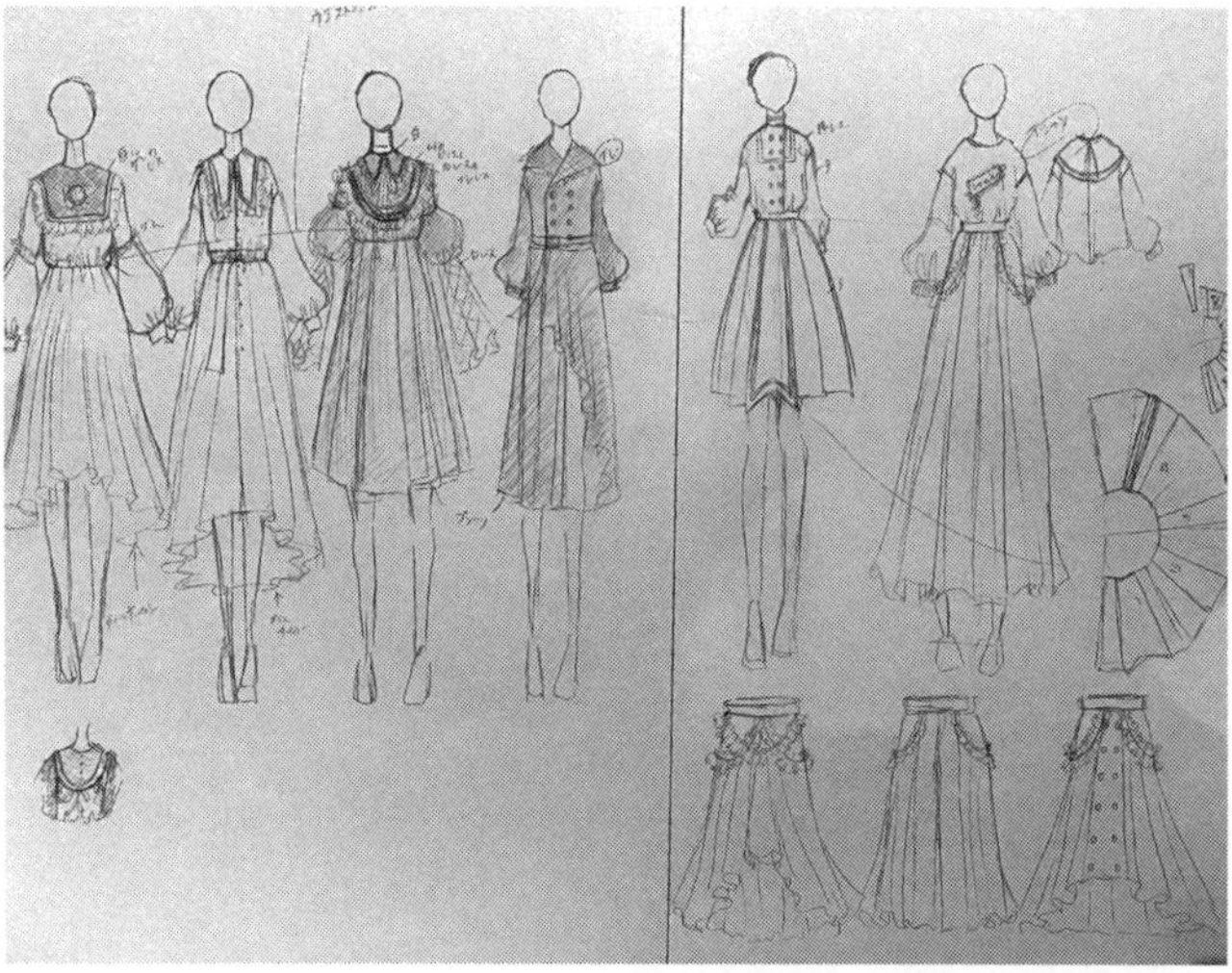

ファーストシーズン展示会にて（2021年）

つかないミスをしてサンプルとして成り立たなくなり、材料費用だけが嵩《かさ》んでいく日々。これが本当に誰かに喜んでもらえるものなのか全くわからない上、いわゆる先行投資のようなことをしているため、この費用が全て無駄になってしまったらどうしよう、なんなら数ヶ月先、どうやって生きていこう……。そんなたくさんの不安との戦いの日々でもありました。

あっという間に夏が終わり、初めてのルックの撮影となりました。

〈踊ってみた〉撮影でスタジオを探すのは慣れていたものの、どういう写真が上手く服を表現できるのかなどもまだ未熟だった自分に、イトくんが照明や画角からレタッチまでこだわってくれ、さらに西井さんにはたくさんのポーズを提案していただき、感無量の日が訪れます。

正直、上手くいくかはその日にはわからなかったものの、どうしようもない喜びと興奮が湧き上がったのは、今でも覚えています。

そして発表を迎えた十月。お洋服を発表することももちろん、自分がブランドを作りましたという発表が、どんな人に届くのか、誰に喜んでもらえるのか、果たしてshabondamaを必要としてくれる人はいるのか。大変な緊張の中、配信と共にツイートをしました。

shabondamaのコンセプト

shabondamaはそれから毎年、秋と春にコレクションを発表していくことになります。この本を書いている時期は2024秋冬コレクションを発表している最中。2021SSから数えて八シーズン目になります。まさか三年以上続くことになろうとは、ファーストシーズンを制作している最中は全く思いもしませんでした。

そもそもが、一回きりのお祭りのような感覚で良いから始めようと思ったもの。セカンドシーズンを制作してみようと思えたのは、SNSや展示会を通じて僕のお洋服を見て・購入して・興味を持っていただける皆様のおかげでした。

セカンドシーズンももちろん、最後にするつもりで制作したものなんです。続けていこうという意志よりも、最後になってもいいからやり残したことがないように制作しよう。その時自分がお洋服を通じて伝えたい思いを全部伝えよう。そう思って、今も昔も作っています。

shabondamaは自分がその時代に考えている生きづらさ、心が壊れてしまいそうになる要因諸々をどうやったら生き抜いていけるかを考えて、洋服にしています。洋服は、どんなタイミングでも身につけているもの。TPOはあれど、

私たちは負けない（2021AW）

無機物ではあれど、誰に裏切られても寄り添ってくれる、その時の自分の意志だと思っているので、少しでも僕のように、自分の弱さのせいで世の中に居場所がないと感じている人が生き抜いていけるものが作りたくて、伝わってほしくて、毎期テーマを考えています。

どういう時代が、どういう言葉や環境が、自分たちを傷つけているのだろう。皮肉ですが、それが全くない世界になってしまったら、shabondama は必要のないものになるのかもしれない。けれど、そんな世界を期待する必要ないくらいに強いお洋服を届けていきたい。

2021AWシーズンは、そんな自分の中での衝動と、学生時代から好きだったミリタリー要素が多く含まれるようなテーマでした。

教室で、会社で、SNSで、小さな戦争が起きているような殺伐とした社会で、自分のお洋服を着てくれるみんなには、絶対に負けてほしくない。

そのためにはどんな要素があればいいだろう。というところから生まれた、shabondama としてはかなりストレートなシーズンです。

shabondama を構成する要素として、〝魔法少女〟はとても重要です。自分

愛されるべき主人公たちへ
（2022SS）

私の革命
（2022AW）

の中での魔法少女といえば、「カードキャプターさくら」の桜ちゃんや「まどか☆マギカ」の鹿目まどか……数えきれないミューズが世の中にはたくさんいますが、みんな僕の中ではヒーローだったんです。

彼女たちはみんな、自分の正義を持っていますし、日常にも非日常にもまっすぐに向き合って、日々、戦い続けています。世界を守りながら恋をして、時には恋人だって守っちゃう。そんな魔法少女たちには、自分自身のことも守ってあげてほしいな——と、よく思っていました。

世の中を生き抜くには、そんな魔法少女たちの心を借りて生きていないと立っていられない。なんなら、飛んできて救ってほしい。浄化してほしい。そう思って、〝魔法少女〟という言葉を初めて借りたのが、2022SSの「魔法少女のワンピース」でした。

二〇二二年というのは、僕にとってはshabondamaが本格的にお洋服屋さんとして確立され初めていた年です。お洋服を着る時、どんな思いがあれば外に出たいと思えるだろう、と試行錯誤していました。シーズンが続いていくにあたって、このまま伝えたいことがなくなったらどうしよう、とおもった時もありましたが、人生はそんなに安直ではありませんでしたね。不平不満や後悔が生じることこそが生きること、といっていいほど、意外にスラスラと出てくるものです。

2022AWは〝私の革命〟。一人一人が、自分の人生の歯車を動かしているという責任を、僕自身も強く感じていた時期に生まれた洋服たちです。責任というと重い言葉ですが、それだけ日々、選択し続けている自分たち。せっかくたくさんの〝しんどい〟〝辛い〟を乗り越えてきたからこそ、自分の中で革命を起こせれば、不幸でい続ける必要はないんじゃないか。そう考えて制作しました。

一つ一つ書いていくと、とても長くなってしまうので、あと二つだけ。

2023SSの〝大人にならないで〟というシーズンを制作するにあたって、いよわさんの存在はとっても大きいものでした。

いよわさんの音楽「ディアーウィッチ・マイクラフト」は、2022SSのテーマでした。2022AWでは初めてインスト楽曲を依頼させていただき、

大人にならないで（2023SS）

私たちは、この世で何度でも生まれ変わることができる。
（2023AW）

その音の粒ひとつひとつが砂糖菓子の甘さとコンクリートの冷たさを、違和感のあるピッチが世の中の理不尽さを、鮮明に描いてくれている。shabondamaのお洋服と掛け合わせることがもし叶うなら、どんなものが生まれるだろう。恐縮ながら、とてもリスペクトをこめて制作されたシーズンです。その時に僕が伝えたかったのは、生きているだけで背伸びをし続けているようなこの世界で、どうして癖のように〝自分の好き〟を否定してしまのだろう。どうして自分のことを愛せないのに、誰かに愛される自分を演じてしまうのだろう。大人になるということは、自分の意志を否定し続けていくことなのだろうか。だったらみんな、大人になんてならずにいられたらいいのに――そんなメッセージをいよわさんにお伝えして、楽曲を制作していただきました。

　自分が自分のことを一番大切にしてあげないといけない。路頭に迷って倒れてしまっても、凍えるような寒さで眠ってしまっても、誰かがすぐに手を差し伸べてくれるような世界ではない。おとぎ話の中で出会った憧れを、自分はいつの間にか冷たい冷蔵庫のような場所に閉じ込めてしまっているような気がする。だからこそ、必死で今まで生き抜いてきた自分の体や心を、宝箱の中で冷

nonfiction magic
（2024SS）

エンドロール主義
（2024AW）

たくなっている〝自分が好きだった自分〟を、暖かく腕の中で温めてほしい——そう思って作ったシーズンでした。

そして、2024AWは〝エンドロール主義〟。

〝希望〟という言葉が怖くなくなるお洋服が作りたい、と思って始めたシーズンです。自分の未来には期待をしたいものですが、それはとっても怖いことでもある。自分や時には他人に裏切られて、希望通りのシナリオにならなかった時、どんな絶望が自分を待ち受けているのか、わかったものじゃありません。その絶望に負けて、自分が動かなくなってしまったらどうしよう……。

そんなことをずっと考えて、どうしたらこの恐怖から脱却できるんだろうと出した結論が、〝エンドロールを常に見据えて生きていくこと〟でした。辛い、しんどいと視野が狭くなったとき、じゃあ死んでしまえばそこからは逃れられるんだな、でも、自分が人生の脚本家だとするならば、どんな結末を迎えたかったのだろう？　という疑問を頭で考えることにより、その場しのぎではありますが、ちょっと楽になれたんです。誰もがいつか死ぬのに、どうして今自

ラフォーレ原宿のshabondamaポップアップショップにて（2022年）

分のことを責める必要があるのだろう。どうして理不尽に耐える必要があるのだろう。期待してもしなくても、どうせ〝しょうがない〟になるのなら、最初からそう思えば、どんな絶望も受け流せる自分でいられるかもしれない。じゃあ、それをshabondamaでどう伝えよう。――そこから始まったシーズンです。

shabondamaを、こんなにも愛していただける方がいらっしゃるのは本当に嬉しいことで、自分にとってはまさに、現実に存在する奇跡です。

協力していただいているたくさんの関係者の方々と、応援していただける方々のおかげで成り立っているブランドなので、これから、どれだけ続いていけるかどうかは今もわかりませんが、できる限り末長く、〝魔法使い〟をやらせていただけたら嬉しいと思っています。

〝好き〟の解像度

お洋服というのは不思議です。こんなに勇気を与えてくれる存在がこんなに沢山ある世の中であることに、少し心が躍るくらいです。
不登校だったあの時——着たくない制服を着て歩く自分にとって、許されていた選択肢は、時計などの小さなものくらいでしたが、そうしたアイテムにアイデンティティを見出し、話しかけてしまうくらいには、愛着を持っていました。

それが何年もの時を経て、今は制服を着なくても済むのです。着たくない服は着ない。誰もがそういう世の中になってほしいものです。

自分の着たい服を着て出歩くことの尊さは、なにものにも変え難いと日々、感じます。

どんなに辛いことがあって、逃げ出したい時も、ほぼ確実に、お洋服や何かを身につけているはず。それが自分の好きなもので、視界に入れば一瞬でも心が軽くなる。そんな経験は、誰しもあるのではないでしょうか。

お洋服は、常に一番近くにあるものです。愛する人に、大好きな友人に、家族に裏切られても、職場に居場所がなくても、家に居場所がなくても、自分の〝好き〟を肯定し、寄り添ってくれる、生きていくのに不可欠なアイテム。

その〝好き〟の解像度に改めて目を向けてみる。辛く苦しい日々の中でもそんな選択肢を消さないで、自分は何を視界に入れたいのか、何を身につけたいのか、本当は何が好きなのか……。それを考えるだけで僕は少し楽しいです。

〝好き〟の解像度を上げるには、自分の興味が必要です。僕が日常的にやっている、一番ストレスのかからない楽にできることがあります。それは、スマートフォンで目にする、可愛いと思ったもの。好きな言葉。好きな場所。好きな服。色合い。全部をスクリーンショットしておくことです。

自分が〝好き〟だと感じたものをすべて覚えているのは、到底不可能ですが、自分の〝好き〟の解像度はどこまでも上げていけるんです。

好きな映画、好きな本、そういうものを、いつかのプロフィール帳に書くことは楽しくなかったでしょうか……。かつての僕は楽しかったです。

それを今、あらためてやってみるんです。メモ機能に、好きな本や映画をまとめておく、ドラマの好きなシーンを書いておく。そして、辛くなった時は、そこから選んでみる。実際に聞いてみる。そういうのも一つの手だと思います。

実生活の、目まぐるしい毎日の中で、〝好き〟を覚えていることは、容易《たやす》いことではありません。どんどん忘れちゃうんです。だから、感じたうちに、感じられる心があるうちに、書きとめておく。

そうして、自分が好きなものが増えていけば増えていくほど、世界はもっともっと生きやすくなると思うんです。

世の中には本当にいろんな価値観があります。時には否定されてしまう機会だってありますし、〝好き〟が増えればもちろん〝嫌い〟だって増えていく。

仮にそれがこの世の中でどんなに主張しづらい〝好き〟だったとしても、自分のスマートフォンの中に溢れていることくらいは、許されるべきではないでしょうか。


子供の頃から僕は、ファッションに関しては少女趣味に惹かれていました。煌《きら》びやかなフリルやリボンのついた中世のお姫様のようなお洋服を、「下妻物語」の桃子のようなロリータファッションを、着てみたかった。大人になった今も似たような気持ちがありますし、そういう憧れが消えてしまわないようにと願っています。だからこそ、shabondamaを作っていきたいのです。それぞれの方には、着たい服もあれば似合う服、似合わない服もあると僕は思います。それは、ライフスタイルやそれぞれの人の価値観に、寄り添う服・寄り添わない服、という言い方の方が正しいかもしれません。

僕の中での〝もう一人の僕〟みたいな架空のミューズを投影して、こういうふうに生きていきたかった、こうあってほしい、こう生きてほしい、お洋服で自分の生き方の主張をしていってほしい――そんな思いを託して、制作しています。

今、研究していることとして、かつての僕みたいな男の子の憧れを実現させるようなお洋服も作っています。キラキラした可愛いものが着たい、でも男という生き方も否定しない。そんなお洋服ができたらいいなと思っています。繰り返しますが、世の中には本当に色んな価値観があって、誰しも生き方に細かなこだわりがあるもの。だからこそ、shabondamaではどんな価値観の人の救いにもなれるようなお洋服を作っていきたい。

そのために、自分の〝かわいい〟という価値観も、もっともっとアップデートさせていきたいと思っています。

3 演技とダンス。絶望と希望

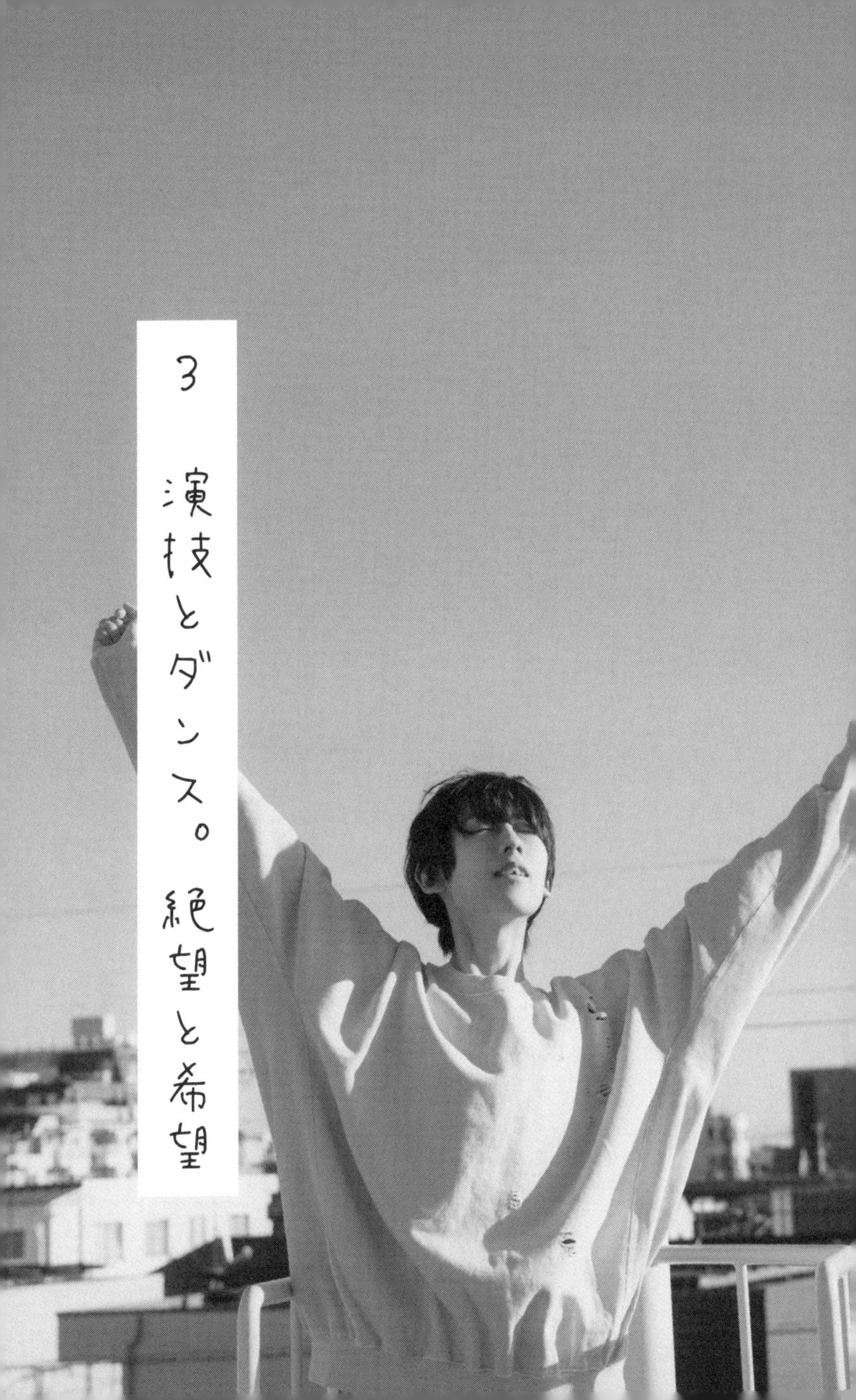

演技へのこだわり

〝演じる〟という事に僕がこだわるのは、僕がいろんな人と話をしてみたいというところに起因しているのだと、よく考えます。

自分の話は、価値がない・面白くないから聞いてもらえない。そんな意識が、昔から無自覚にありました。クラスでは明らかに浮いているなと感じることも少なくありませんでしたし、それを治そうとして、色々な本を読んだりしたこともあります。でもどうしても、人と接する時、うまく話すことができないというコンプレックスがありました。

演じることはそれとは全く違いました。原稿があるなしに限らず、それは現実の自分ではないから、うまく言葉が出てくることが多かったのです。

アパレル店員として働いていた際にもよく思っていました。スイッチを入れれば、毎日違う自分を演じることができるようでした。それは、中学校時代の自分とは全く違う、大袈裟にいえば憧れの業界で働く、輝く優しい人。そんな自分が好きでしたし、長く続けたいと思っていました。

声優養成所時代にも、高校時代にも、同じような感情でお芝居をしていました。それは自分が人と喋るということへの苦手意識から脱却できる唯一の方法でしたし、コンプレックスだったからこそ楽しいと感じていたのだと思います。

お芝居の理論が厳密にわかるわけではありません。ただ、アパレル店員をしていた際、先輩に「人に興味を持つように」という指導を受けてから、お客様に限らず出会った人のことを、たくさん考えること、分析することが大好きになりました。

どうすればこの容姿になるのだろう、どうすればこの喋り方になって、姿勢になって、過去に何があったらこういう人格が形成されるのだろう……。

たとえば、電車やカフェなど公衆の面前で人に対し怒鳴ったりする人は、日頃の生活でどれだけのストレスを抱えていて、抑圧されているのだろう。その上周りの目を気にせずともプライベートの生活は送れるということだから、ある程度自分の地位が高く、日頃からチヤホヤされている、恐れられている状態をよしとしている。もしくは生活自体に失うものがないかのどちらかなのではないだろうか……。当たっているか否かはわかりませんが、ただそんなふうに考えることが好きなんです。

そういう部分が、お芝居をする際、より楽しいと感じる部分なのかな……と思います。

また、小さい頃から、人を信じることが難しい性格だと、始めに書きました。それは、人を信じすぎてしまうから、求めすぎてしまうから。でもフィクションの世界では違います。フィクションの中で生きていることは嘘の中で生きていることにはなりますが、全員が嘘をついている世界で傷つくことは、現実で傷つくこととは異なります。裏切られようと貶されようと、それはフィクションなのです。そんな人間関係の中で色々な人生を追体験できることは、僕にとっては素晴らしい経験でした。

街中を歩いていると、人が生きているということが鮮明に伝わってきます。歩いている人を見る。家のベランダを見る。車窓から屋上が見える。自分と同じようにたくさんの生活があります。

自分とは関わりのない人たち、でもどこかで交わるかもしれない世界を、フィクションで見た世界に当てはめて想像することも大好きです。現実ではあり得ないスピードで人と人との関係性が作られては壊されてゆくことに、強い憧れを感じるのです。

そして、いつかみたあの家の住人に、フィクションの世界でなら、なれる日が来るかもしれない——と思うと、何でもない日常でも、心が弾みます。

映画やドラマなどのリアリティのある世界は、現実世界のように描かれていますし、今でもその登場人物が現実にいるんじゃないかと錯覚することも多くあります。現実には存在しない登場人物の生き方に憧れることもありますし、恋をすることもあります。

僕にとって、それほど現実逃避になるコンテンツはありません。

それが、僕がお芝居にこだわる理由なのかな、と、二十数年間生きてきた今の考えを書いてみました。

声優養成所時代のお話も、さらりと書かせていただいたのですが、お芝居に感じる魅力をより強固にさせたのは、おそらくそこじゃないかと思っています。

憧れをモノにするべく入った養成所では、今までに関わったことのない年代や価値観の人と出逢いました。中学三年間をほぼ隔絶された人間関係の中で過ごし、一年間の高校生活で少し慣れたところに、新たな刺激が加わったのです。僕は人と対話することが苦手ですが、好きでもあります。人の話を聞くことや自分とは違う価値観の方の話を聞くのが大好きです。

だからこそ、養成所ではお互いがライバル視しつつも、みんなで協力して一つの芝居に向かっていろんな方向から誠心誠意アプローチをしていくその過程が、すごく楽しいものだと感じていました。

詳しく言語化してしまうとややこしく感じますが、要するに、人と協力して一つの時間を生み出すことが、楽しくてしょうがなかったのです。

ましてや、それを自分の大好きな映像の中で繰り広げることができ、さまざまなプロの方達の手によってライティングされ、録音され、時には特殊効果や演出が加えられる。漠然とした憧れが、具体性を帯び、未来の扉が開きかけたような――そんな感覚は、今でも覚えています。

僕自身まだまだ未熟で、一番経験の少ない分野が芝居です。だからこそ、この好奇心だけはずっと忘れたくないとも感じます。

ドラマや映画のような映像、舞台、アニメ、それぞれに違った良さがあります。

その中でも、ドラマは、Netflixなどの配信媒体が普及した今でも、世界の今どこかでリアルタイムで起きているもの、という認識が消えません。だからこそ、没頭できる感覚が一番強くありますし、夢にも出てきやすい。そんな世界がたくさんあります。

おそらく、先ほど挙げたジャンルの中では、一番自分が視聴しているコンテンツでもあります。特に何の〝好き〟も意識していなかった小学校低学年の頃から、ドラマが大好きでした。北海道にいる自分がいろんな場所の人と話しているかのような現実逃避感が、自立心の強い子供にはうってつけだったんだと思います。

幼い頃から、自分の未来を想像することが癖でした。〝ああなりたい〟〝こうなりたい〟が現実にならないと不機嫌になる子供でしたから、ドラマで憧れをたくさん吸収して、大人の理想像をドラマで描いていました。

物語はあくまで日常の中の延長と捉えてしまうことが多かったので、そういうジャンルのものをより好んで見ていました。どんなに非日常的なものであっても、それが現実に起こり得ると、子供であればあるほど信じて憧れていました。

あり得ないことをあり得るように描くドラマというコンテンツは、本当に尊いものです。

今では、その考えをお芝居全体、物語全体に対して受け継いでいます。映像以外、小説や漫画、ミュージックビデオ、多岐にわたる物語とされるコンテンツのどこの世界でも登場人物は生きているし、それを楽しむことができるようになりました。

そして今、自分がその世界を俳優という形で紡《つむ》いでいけるよう、日々学んでいます。

誰かの現実逃避を絶対に壊したくないし、もちろんお芝居の中に居場所を作り続けていきたい。憧れと好奇心を忘れたくないし、自分が死ぬとき、子供の頃の自分を否定して死にたくない。そう思って、お芝居を続けています。

「火だるま槐多よ」の舞台挨拶にて（2023年）

ダンスも、今では自己表現の一つになりました。お芝居と似ている部分もあると感じています。ただ、まだ自分はその両者を繋げられるほどには至らず、どちらも未熟です。だからこそ楽しめるんだと思います。もっともっと、この気持ちを持ったまま、生きていたいものです。

この先どんな役に出会えるだろう、どんな世界を体験できるんだろうと考えることは、希望です。ただ、希望の裏には言葉にできない絶望があります。その絶望をしっかり目視しながら、自分はお芝居の世界に希望を抱き続けています。

ダンスとの出会い

僕が〈踊ってみた〉に出会ったのは中学三年生の頃でした。

元々ダンスが好きだったという訳ではありません。正直いえば、嫌いでした。運動全体が嫌いだからです。

小学校三年性の頃、僕は運動は苦手でしたがマット運動だけは好きで、体が元々柔らかかったので、そういった習い事をしたいと母親に相談しました。それで、フィットネスクラブに入会したのですが、何を間違えたのか、気づけばヒップホップのクラスに入っていました。

僕以外全員女子でした。当時は泣きながら通っていました。明らかに浮いている自分の存在にも気づいていましたし、ダンスは特に不得意でした。僕の運動神経はうまく働いてくれず、ステップも何もありませんでした。それでも約二年間ほど毎週通って、発表会などにも出ていた記憶があります。

なのに、そんなことはとうに忘れた中学二年生のとき。一番最初のきっかけはもう覚えていないのですが（ニコニコ動画のコンテンツを漁っているうちに見つけたんだと思います）、気づいたら、ダンスユニットのてぃ☆イン！さんを見ていました。お二人のキャッチーで可愛らしい振り付けと動画に心を奪われました。当時、上京する手前でお二人の存在に出会い、そのまま上京した流れもあってか、憧れの方に会えるリアルイベントに足を運ぶまで時間はかかりませんでした。小学校の頃、約二年ほど習っていたダンスとは全く違う、運動音痴な自分でも真似すれば楽しいコンテンツ。お二人のイベントには〝一緒にステージに上がって踊ろう〟という企画があり、それに参加するために練習もしました。お二人のように踊れること、憧れの人に近づける感覚が、本当に楽しかったです。

画面の中で気持ちよく動く体を見ているのが好きでした。彼らの踊りは自分にとって総合芸術で、背景・衣装・メイク・振り付け・ご本人のビジュアルに至るまで、すごく〝現実の中の非現実〟という感覚に満ちていて、動画を見ている三分半が大好きな時間でした。

元々ボーカロイド文化が大好きでしたが、〝好きなものしか見ない〟思考が強い自分に、〝好き〟の掛け算のようなコンテンツが登場したのです。今思い返すと、はまるべくしてはまったんだな……と感じます。

そうして年月が経ち、ジュノンコンテストを経て、高校三年生になった時。初めて〈踊ってみた〉の動画投稿をします。たくさんの動画投稿者の中から、自分を選んで見てくれる人がいるという気持ちは、声優の夢に挫折し、ジュノンでもあと一歩及ばなかった自分の承認欲求を満たしてくれました。

人は、物事にはまってから飽きるまで、何かの成功体験がないと長く続かないそうです。

自分がなぜこんなに〈踊ってみた〉を続けていられるのかは、見てくれる人がいたから。これに尽きると思います。

舞台に上がってダンスをすることと、〈踊ってみた〉のライブに出ることは自分の中では全然違うものでした。

自分が表現したいことが、映像から舞台に移っただけのこと——そういう認

名古屋・某ライブハウスのステージにて（2024 年）

識で初めてのライブに出させていただいてから、ステージ上で踊ることの快感を体験する一方、プレッシャーも体験します。今までの自分の人生にはない刺激で、なぜ僕を見てくれる人がいるのか、最初は不思議でたまらなかったのもすごく覚えています。

僕は実は、ステージで踊ることよりも映像を制作すること、映像で表現をすることの方が好きです。それでも、ずっとずっと楽しく踊り続けていられる、もっと喜んでもらえるようなコンテンツを届けたいと思える。それは客席から、時には対面で愛を届けてくれるみんながいるからで、それこそ、自分が〈踊ってみた〉の世界で存在し続けられる確固たる要因です。

自分を表現して喜んでもらえるということは、本当に貴重な体験です。感謝し続けても足りません。

ダンスが上手な人、振付が得意な人、世界観が素敵な人、本当にたくさんの人がいる中で、自分の動画を再生してくれて、自分の踊っている姿を見にライブハウスへ足を運んでくれて、自分の振付がいろんな人の手に渡ることは、何年も〈踊ってみた〉を続けていますが、本当に不思議でしょうがないです。振付は特に、ダンスの基礎がしっかりとあるわけでもなく、自分が感じたストーリーを気持ちのいい音やシルエットで体現するのが楽しくて作っているだけで、特に秀《ひい》でたものがそこにあるとはどうしても考えにくいもの。それを〝好き〟と言ってくれる方がいて、本当に良かったと思います。

〈踊ってみた〉動画を作ることは、自分にとってストレス発散でもあります。他の分野ではできない総合芸術のようなものが動画制作にはある、と感じます。セリフはなくとも、ストーリーを作って演じること、音楽や音を感じてそれを体現すること、映像になった時に自分の意図している角度やインプットの中にあるものを生み出そうとすること、衣装や背景の演出に至るまで、全てが楽しいです。色々とやるべきことややりたいことが増えても、やめられないものの一つだと強く思っています。

両立する、ということ

演者であり作り手でもあるという活動の仕方はさまざまな業種でもありますが、いろいろな立場を経験する中で、僕はどれも両立をしながらやり続けることが、一番効率がよく、なお心地の良いものだと感じています。

それは、ブランドを作ったり、お芝居のお仕事をする中でよりわかってきたことでもあります。

ブランドは、自分が企画からデザインをしているため、自分の発信がどうしても多くなります。ただ、友人や関わっていくいろんな方の意見を定期的に取り入れることで、自分では見ることのできない景色が見えてくるのです。どうしても外せないこだわりは常に持っている必要があると感じますが、同時に、外からの声を聞かずに成長はありえない、と日々感じます。

どんなプロダクトが世の中に必要とされ、どんなものが強く可愛く生き抜く魔法を生み出せるのか、今この社会にはどんな悩みがあって、そこにお洋服でアプローチするにはどうやって伝えたら良いのか。カメラマンさん、ヘアメイクさん、モデルさんにたくさん共有をするので、自分の頭の中を日々整理したり言語化したり、時には洋服にしたりと、自分との戦いが多いです。

僕にとってはお洋服が、一番直接的に、自分の思っていることを伝えられたり表現できる分野だと思っています。そのメッセージは巡り巡って、お洋服を着ていただいているお客様やモデルさんを通して、自分自身にも返ってくるので、本当に楽しいですし、日々の支えになっています。

お芝居の仕事をさせていただく時には、より受動的なものと能動的なものが半分半分です。どのように自分が動いたら良いのか、〝自分の中にある正解〟以外の〝正解〟がたくさんある場所で、どう役に立てるかをすごく考えます。

また、一番様々な方の力を借りる場面でもあります。たくさんのプロフェッショナルな方達に囲まれるプレッシャーや、ありがたみをすごく感じつつ仕事をさせていただくので、三つの活動の中では一番、張り詰めることも、頭を抱えることも多いです。もちろん、まだまだ常日頃から絶え間なくお仕事に携わる立場にはありませんし、自分の無力さを一番感じる分野でもありますから、絶望することもあります。それでも、自分の人生に責任を取りたい。そう思って続けています。

動画制作は、今の二つの悩みや絶望や不安を支えてくれるような存在です。演者でありながら作り手にもなれる。それは、先ほども書いたように、見ていただいている皆様がいてこそです。自分の作り出したい映像を自分の手で演じることができ、それを世の中に発信して誰かに見てもらえる。本当に感謝してもしきれません。

だからこそ、どれかひとつがなくなってしまったら、自分はバランスを崩してしまう気がしています。これからもバランスを保って頑張り続けられれば良いなと思います。

絶望と希望について

希望があれば絶望がある。これは切っても切り離せないことだと思います。だから、僕は〝絶望を理解することが希望に近づくこと〟なんじゃないか、と考えることが多いです。

自己肯定感という言葉が世の中に出回ってもう何年も経ちますが、本当の自己肯定というのは、単に自信をつけるということではなく、〝自分の悪いところ〟は〝悪い〟と認めてあげる、認知すること、だと認識しています。

この歳になるまで、僕は、ネガティブであることは悪いことだという認識がありながらも、ポジティブでいるよりは傷つかなくてましかな……と考えて生きてきました。

小学校の頃の「十五年後のあなたへメッセージを書いてください。」という課題が先日発見され、そこに書いてあった言葉を見ると、「十五年後の自分は、人生を楽しんでいると思います。いろんな意味で、夢が必ず叶うとは思わないので。」とありました。それくらい、昔から同じように考えてきたのでしょう。

これはおそらく、「夢を叶えていると思います!」という前向きなメッセージを周りのみんなが書いているのが目についたんでしょう。それが単純に嫌だったんだと思います。十五年後の自分がそれを見た時、夢を叶えていなかったら相当傷つくな……と思ったことを記憶しています。

ただ、実際に十五年経ってみると、わかったことがたくさんありました。

それは、ネガティブであることは、別に悪いことではないこと。そして逆に、ポジティブでいることも自分を脅かす要因にはならないことです。

幸い、自分が考えうる最悪な選択肢には陥らないことが多い十五年間でした。それは生来ネガティブであるがゆえだったと思いますし、時にポジティブに物事を考えることで、多角的な視点が見え、とても楽になった経験があります。

たとえば、日中九時から五時まで働かなければいけないのだけれど、それがとても苦しいとします。いくらのお金になって、何ができるだろう。働いている時間をどうやったらずるく楽しめるんだろう。何なら、突然その場から逃げ出したとして、誰かの命を奪うようなことだろうか。人が死ぬわけではないんだから、苦しいなら逃げ出してしまえばいい――そういう風なポジティブな考えは、時に自分を楽にします。

人間は、時に目的があったり、希望があったり、執着があったりすると、とても視野が狭くなります。

　自分の希望が果たせなかった時、どんな絶望が待っているんだろう。それに耐えられるんだろうか。もしかしたら、自分の手で人生を終わらせる選択を取ることがあるかもしれない。息苦しくなって周りが見えなくなって、音が消えて、感触が消えて、頭の中ではそのことしか考えられなくなって……。

　でも、希望を恐れていたところで、何も変わらないし始まらないんだ、と開き直ることが、最近は多いです。

　期待や希望は、怖いです。確かに、計画は大事。目標も大事です。でも、それに囚われて動けなくなってしまうことも、多々ありました。そんな風に、怖いと考えて堂々巡りになりそうな時は、「二週間以上先のことを悩んでもしょうがないな」と思うようにしています。何より、視野が狭くなってしまうことが一番怖い。

　逃げることは甘えること、と感じてしまうことも多いです。それは自分に引きこもっていた時代があったので、またああなってしまったらどうしよう、一生現実逃避をしてしまうのではないか。という恐れに起因します。それもあり、常に動き続けていたいとは思っています。

　でも、時には逃げないと、甘えないと、体も心もストップしてしまう。〝これから何をしよう〟の〝何〟が思いつかなくなる。無理やり動いたところで、アラームをかけ忘れてしまうような、電車で何駅も乗り過ごしてしまうような、自己管理ができずに熱を出してしまうような、ひいては包丁で手を切ってしまうような、……物理的な時間のロスになりかねないことを学びました。無理やり体を動かしてしまったとしても、きっと心はついていかないんだと、頭のどこかでわかっています。

幸せになる努力

　自分の人生を動かすのは自分です。誰かを変えようとしても、環境を変えようとしても、限度があります。自分のできることには限界があります。だからこそ、自分を大切にしたいし、大切にしてほしい。現状に問題があって、不満があって、逃げ出せる環境にいるなら、逃げてほしい。

〝幸せになる努力〟と言ってしまうとすごくハードルを感じますが、自分はそう思っています。生きているんだから、なるべく幸せに、自分が楽しいと思えることや時間を大切にしながら、生きていってほしいなと、すごく感じます。

何が自分にとって嫌で、何が自分を助けてくれているのか。何が好きで、何が嫌いなのか。今の現状を理解して、解像度をぐっと上げて、一度考えてみてほしい。

何に感謝をすべきで、何に時間を割くべきなのか。何を捨てるべきで、何を大切にすべきなのか。

それがきっと、自分を大事にする一つの方法なんじゃないかなと思っています。

そして、あくまで僕個人の生き方としてですが、人生が終わる時、後悔をしない、自分に後ろめたくない生き方ができるよう、ドーパミンを調節しつつ生きるように心がけています。

「自分に後ろめたくない」というのは、誰かに迷惑をかけたり、一般的には不道徳的なことをしても幸せになろうとする人が世の中にはたくさんいる中で、自分だけ真っ向勝負なのが嫌で考えついたことです。

自分は人付き合いが苦手ですし、物事の抜け穴を探るような、ルールの隙をつくようなことも、駆け引きの様なことも得意ではない。

だから、そういうことができる、いわゆる立ち回りが上手な人を、学生時代から、ずっとずっと羨んできました。

それでも、なんとか今、生きながらえています。それなら、このまま何も曲げずに生きていきたい。そう思い続けています。

後悔をしないことは、端的に言えば不可能です。

ただ、現状が理想と違っていても、今まで歩いてきた道が自分のベストであるという考え方は、たくさんの方々が実践されているはずです。僕も同じように思っています。

大きな話だけではなく、たとえ小さな選択であっても、日頃から、どちらの選択をした方が悔いが残りにくいか、どうせ後悔するのなら、どちらの方がより理想的なのか、を判断するように生きています。

ドーパミンを調節する、というのも似た話です。いわゆる「自分の機嫌は自分で取る」というものです。

何をすることによって自分はドーパミンが出て、楽しいと思えるのか。一日の終わりに気持ちよく眠りにつけるようになるにはどんな要素が日常にあったらいいのか、といったことをいつも書き出しています。

また、逆に、どんな要素によって自分は消費されていくのか、疲れていくのか、も同時に書き出しておくといいかもしれません。

毎日の中で、自分の〝好き〟をどんどん忘れて、いつの間にか何が自分を構成しているのか、わからなくなってしまう。そんなときがありました。

そうすると、たとえ目標や、やりたいことがあっても、それに向かって自分を動かす方法がありません。

なので、目の前に餌を吊り下げて走るように、そのメモと睨めっこをしながら、日々生きています。

きっとこの頃にはこういうマインドになっているから、そろそろこれが必要なはず……などなど。

そんな、直近の計画を立てている時間、僕にとっては少しドーパミンを出している気がします。

救いと責任

そして、そこに通ずるお話を、最後に、もう一つだけ。

自分は今、すごく個人主義的な生き方をしています。

素晴らしい技術を持った方々・尊敬する先輩や大切な友人・僕を見守ってくださる方々――本当に、感謝し続けても足りません。

ただ、僕が学んだこととして、人に求めたり期待したりしても、そのとき望むような良い結果になったことは少ない、ということをお伝えしたいです。

人は生きていると様々な迷惑をかける生き物です。迷惑をかけ、あるいは逆にかけられ、そしていつ裏切り合うかわからない。そんな生き物です。

(裏切られたということの気持ちも、実は間違っているのかも……?)

（勝手に期待して、こうしてくれるはずと望んだのは、自分だけではないのだろうか……？）

そう思うこともあります。

青春という言葉があります。

たぶん、多くの人はこの言葉に、プラスのイメージを持っているのではないかと感じます。

それは、未熟なこどもたちが、学校という場所で、半ば強制的に時間や目標や思いを共有させられる時間。だからこそ青い信頼が成り立つのであって、「大人になっても青春！」のようなキャッチコピーを見るたび僕は、（あり得ないな）と思うんです。

青春とは、幼いからこそ成り立っていた共依存という見方もできます。

視野が狭いからこそ互いを深く知ろうとし、互いに干渉しあうことができる。責任も取れないのに、誰かの人生を左右しようとしたりする。

一方で、信頼という言葉を使って過度な期待を他人に押し付けあい、次第に友人・恋人の境目がなくなってしまったり。

でもそれは、ほぼ毎日顔を顔を合わせるからこそ、生まれる感情なんだと思うんです。

大人になった今、一人の友人や恋人と過ごす時間は、その時よりも少ないはず。一人のより限られた一面しか見られなくなっていくんです。

その分、一つ一つの言葉や印象が重く長く残ってしまうようになって、どんどん大げさなものになって、……最終的に、自分の中で答えを出すようになる。いわゆる決めつけが起こる。その人は自分にとって敵か味方か。そんな判断が起こります。

時間は、感情をどんどんぼかすものです。執着も尊さも、増減どちらに進むかは過ごし方によって変わりますが、それだけ不確実なものへと、頭の中で勝手な変化が始まります。

そうならないために、僕は誰かが自分に見せてくれようとした言葉や意志を、より大事にしたい。

限られた一面は一面でいいんです。（嘘かもしれない）と疑うのではなく、冷たいように聞こえるかもしれませんが、頭の中で線引きをするんです。

裏側を創作しないように、決めつけが起きないように。

（相手は本当はこう思っているんじゃないか……？）という疑念を、二十年以上繰り返してきました。が、それをやり過ぎると、人とどんどん上手く関われなくなっていきました。

頭の中の創作は真実であることもあるかもしれませんが、それよりも、まず、その人への感謝を念頭におく。そして、自分に見せてくれている一面、一秒一秒を大切に生活する。

それが、人間関係をできる限りストレスなくやり過ごし、自分の軸で生きていけるようにと生み出した、自分なりの考えです。

自分が活動する目標として「自分の弱さや環境のせいで、生きにくいと感じている人の苦しい時間を、埋められるようなコンテンツを作りたい」というものがあります。

本当は、苦しんでいる人の横で一緒に苦しむことが、救いの一つなんだと思います。

宣材写真撮影（2024 年）

苦しんでいる人は、助けを直接求めている場合もいますが、一緒に苦しんでほしいんだと思うんです。

辛い間、ずっと横にいてほしい、寄り添っていてほしい。

でも、現実的に、それが僕にはできない。

昔の自分は、それを誰かに求め続けて、いろいろな人を苦しめていた……そんな気がします。

それは、誰にも務められることではないんだと思います。

自分の人生は、自分だから救うことができる。

最後の時まで一緒にいるのは自分。だから、自分がどうしたら安心して生きていけるのか、視野を広げ、人との上手な関わり方を模索して、あわよくば明日の見方を変えていけるのか。それを今日も考えて生きています。

〝自分の知らない自分〟が、きっとまだまだたくさんあると思うんです。実際にどうしようもなく絶望した時、タイミングよく救ってくれたものがたくさんありました。それは僕にとって、〝新しい自分〟だったのです。

僕を救ってくれたもの

ここからは、本当に僕の例ですが、タイミングよく救われた事例を書いてみます。

ふと電話をかけた友人の言葉

その時のことを振り返ると、どうしてそこまで視野が狭くなってしまったのかわかりません。

一人薄暗い部屋で、冷房が二十四度の中。迫り上がってくるような自分の呼吸の音が過剰に大きく聞こえ、体の四方を見えない壁によって囲われているかのような感覚でした。指も震えていたと思います。

僕は普段、自分から電話をかけることはほとんどありません。なのにその時は、勝手に指が動いて、運よく繋がりました。

――やめて、死なないで！　大丈夫！

向こうは何度も自分の名前を呼んでくれ、落ち着くまで繋いでくれました。本当に、感謝してもしきれません。

これは自分自身ではなく、友人に救われた例ですが、冷静に考えると、本当に偶然のタイミングでした。言葉自体に何か力があるか、と言われるとわかりません。たまたまその時の絶望に合ったというだけで、温かいメッセージをうまく受け取れない時もあるでしょう。でも、確かに効いたんです。


ふと広告を見てネットフリックスで再生してみた映画

「湯を沸かすほどの熱い愛」という映画です。

それは、自分が見えていなかった、日々というものの大切さを再認識させてくれました。自分にはまだたくさん守りたいものがあって、大切なものがあった。これも、そう思える時だったからこそですが、冷えた心は温まっていました。

主人公の母親の強さ、生きることの難しさや尊さが詰まっている映画です。ドラマやアニメや映画作品で言えば、もっともっとおすすめの作品がありますす。簡潔に紹介させてください。


「下妻物語」


これは、自分の人生に大きく影響を与えることになった映画です。

主人公たちが、自分の生き様と義理を大切に生きる友情のお話です。主題歌「hey my friend」もお気に入りで、小学校四年生のころから今でも僕はずっと、桃子に憧れています。自分の性格や好きなもの、嫌いなもの、嫌いなことを深く理解しそれに忠実に生きている。ところどころに人間味があって、美しく逞《たくま》しい彼女の生き様が大好きです。

イチゴ（桃子の友人）の繊細で一直線で、それでいて面倒臭いところも大好きです。自分にないものを理解し桃子の価値観を受け入れる心の広さに、こんな友人ができないものか、とすごく考えました……。


「問題のあるレストラン」

こちらはドラマです。何度も何度も繰り返し見ているドラマのうちの一つで、主人公が訳ありな人たちを集めて表参道の屋上のペントハウスでレストランを開くお話です。各話に出てくるキャラクターにはそれぞれ感情移入できる部分がたくさんあります。中でもお気に入りなのは、第十話に登場する主人公の同級生・藤村五月のお母さんのシーンです。こちらもネタバレになってしまいそうな部分が多いので、ぜひ見ていただけたら嬉しいです。


「ハケン占い師アタル」

こちらもドラマです。人の心を読める特殊能力のある主人公アタルが、とある会社に入社しトラブルを解決していくお話。

僕が特にお気に入りなのは四話です。主人公の同僚・田端さんは、夢である医者を目指している途中に母が亡くなり、就活に失敗し働かない弟と退職済みの父と三人暮らし。家にお金を入れているのは田端さんだけの状態で家事も仕事もこなさねばならないという鬱憤の溜まる毎日を送る中で、アタルがかけた言葉は「自分の運命を呪っても意味ないの！」でした。

それは、生まれ変わることなんてできないんだから、自分で幸せになるしかない。世の中不公平だって文句言いながらいいことが起こるのを待ってるだけな人が幸せになれたら、逆境を跳ね返して頑張ってる人に失礼。という意味でした。

そのドラマを見たのは二十代前半の頃で、自分の目指す理想と毎日がどうにもつながらない日々を送っていた時に、ちょうど目に入ったのを覚えています。今でもそのアタルの言葉を大切に心に留めて生きています。

「ウェス・アンダーソンすぎる風景展」

「ウェス・アンダーソンすぎる風景展」にて（2023 年）

ウェス・アンダーソン監督の映画作品に出てくるような風景写真を、みんなで集めるInstagramコミュニティが元になった展覧会です。

構図や色彩の綺麗さももちろん、自分はなぜこんなにワクワクする景色がまだ世界にこんなにたくさんあるのに、目に焼き付けずに死んでしまうのだろう。こんなに綺麗で感銘を受けるようなものを、生きていさえすればきっと体験できるかもしれないのに、悔しいと思いました。

写真の中にあるのは、現実に存在する世界。にもかかわらず、その当時の自分には、すごく遠く手に入らないものであるかのような錯覚をしていました。それが、展示を見ていくうちに、これはノンフィクションであることにふと気づいて。泣きました。

「正解」はタイミング次第

どこにも行きたくないし、誰にも会いたくない日、お気に入りの丈の長いシャツがちょうど洗濯を終えてクローゼットにかかっていて、袖を通してから髪を洗って何とか外に出られるようになったりする。これもきっとタイミングです。

例えば、その丈の長いシャツが皺だらけだったら、外に出ようなんて思いませんし、目に入らなかったらそのまま部屋の中で過ごしていたでしょう。それも選択肢としては悪くないんですが、袖を通した時、

——正解だ。

と誰かに言われているような気がしたのを覚えています。

好きではないアーティストの曲の歌詞をなぜか見ながら聞いていると、今の自分を鼓舞し、救ってくれるような言葉の羅列とピアノの旋律に、気がついたら涙を流して、そのうち嗚咽《おえつ》していたり。

前から好きだった踊り手さんの動画を見たら、音楽というパワーに振り付けや表情が上乗せされて、より鮮明に伝わって泣けてきたり。

ふと見える絶望に打ちひしがれることが多いこの世の中には、本当にたくさ

んの救いが、まだまだあると思います。

でも、それも自分の視野が狭くなっている時には、無理やりにでも取り入れるか、タイミングよく目に写ったり聞いたりする行動を起こさない限りは、手にできないんです。だから、日々生きていく中で、できるだけ視野を広く持っていてほしい。僕の救いの体験のようなことでも役に立てば、明日や明後日と日々を繋いでいってほしい、自分の弱さのせいで、人生が生きにくくなっている人の助けに、僕が一役買える〝タイミング〟が来てほしい。

それが、自分の活動の根源です。

今日も明日も、みんないろんな希望を抱くと思います。いろんな絶望を感じると思います。僕も同じです。いつ死ぬかなんてわかりません。でも、その時がくるまで、できる限り、明るく、楽しく、健やかに過ごしたいものです。

たとえ絶望的な未来が待っていたとしても、それに囚われずに生きていきたい、一分一秒を汚さず人生と戦えたら、それが幸せなんだと、僕は思います。

そしていつか、この本を読んでくれたあなたと僕がもし生きて出逢えたら、ひとまず「お疲れ様」を言い合って、また戦いに出られたらいいですね。
無理をせず、希望も絶望も、恐れずに。

4 八田拳に聞いてみた（Q&A）

（聞き手・精神科医　日原雄一）

Q1　自分が八田拳さんを知ったのはYoutubeの動画で、その姿と声に癒されて、次々みてトリコになりました。八田さんにとって「いま」（二〇二四年十一月二十五日現在）そのような存在のかたはいらっしゃいますか。

A1　ありがとうございます。大変恐縮です……！　癒されると言っていただけること、とっても嬉しいです。僕は飼っているハムスター「Y」くんが今の生活の一番の癒しかな……と思います。それと、好きな作曲家さんの音楽は、すごい力があるなと思います。やる気・元気ももちろん、自分の深層心理にある感情を引き出してくれるような部分があって、日々すごいな……と思っております。

Q2　さいきん好きな食べ物、飲み物は、何でしょう。

A2　鰻（地焼き）、ユッケの味付けのもの、グリーンカレーが好きです。飲み物はカフェオレとハイボールですね。最近はチョコマシュマロにもハマっています。

Q３　八田さんの生誕祭や、踊ってみたイベントはたいてい客席もスタンディングが多く、電車でもすぐ空席をさがすおじさんの私は、八田さんのパフォーマンスでどうにか立ち続ける元気をもらっていました。八田さんは立ちつづけることや座れない状況は、苦手ではないですか?

A３　座れない状況はどちらかと言うと得意かもしれません。アパレル店員時代は基本的に立ちっぱなしで、専門学校でも座るのが面倒で立ちながら縫っていたりする人でした。むしろ、ずっと座っていなければいけない環境の方がきついかもしれません。

Q4　気候異常が続きます。影響は受けますか？

A4　寒くなってくると、やはり気持ちの面では沈みやすくなったりします。春夏秋冬の順で好きですね。ただ、東京の夏の暑さには耐え難いものもあったりで……かなり気候に文句を言っている方だと思います。

Q５　一日の生活のなかで、もっとも八田さんらしいと思える時間はどんなときですか？

Ａ５　効率的に物事が進められたときです。予定やスケジュールをたてないと不安になってしまいますし、一日の予定が狂うのも本当に苦手なタイプなので、朝や前々からたてた所要時間で物事が進められた日のお酒はとても美味しいです。

Q6　僕はかなりロングスリーパーです。八田さんは睡眠を、何時間くらいとりたいですか？

A6　特に何時間というのはこだわったことがないのですが、基本的には三時間以上連続で眠れないので……三時間を二回、六時間以上はあると嬉しいですね。

Q7　さいきん触れた作品・本や映画などで、心にさわった作品は何ですか？

A7　つい最近の映画ですが、「六人の嘘つきな大学生」を観ました。自分が最近考えていたことがタイムリーに表現されている部分があり、このタイミングで触れることができて嬉しいなと感じました。本はミステリーばかりなので、少々質問の趣旨とは変わってしまうかもしれないのですが、遠藤かたる先生の『推しの殺人』は、どんどんのめり込んでしまう疾走感とどこか共通点のある主人公たちを応援したくなる作品です。真梨幸子先生の『教祖のつくり方』も、とても身近な描き方なのに非現実的で、大変刺激的な作品でした。

Q8　生まれてきて最初にある記憶は、何でしょうか。

A8　四歳くらいの頃だと思うんですが、住んでいたマンションのベランダからフライパンを落とした記憶があります……。三階でした。

Q9　この冬もたくさんの人が亡くなりました。これまで、だれの死がいちばん胸にきましたか？

A9　かなり前の出来事になってしまいますが、声優の松来未祐《まつきみゆ》さんの病死（二〇一五年）は何年経っても本当に信じ難いことでした。訃報を知った当時の自分は高校三年生だったのですが、その瞬間の、床が抜けてしまったような感覚が忘れられません。今でも残していただいたたくさんの作品、言葉、考え方を胸に生きて生きたいと思いますし、恐縮ながら、幾度も松来さんの言葉に助けられ、大人になったなと感じています。

Q10　お母さまを著名人や、動物・妖精などにたとえると、何になりますか？

A10「クレヨンしんちゃん」が大好きだったので、野原みさえに例えていたことが多いかもしれません。あと、映画「湯を沸かすほどの熱い愛」の主人公のお母さんを宮沢りえさんが演じられているのですが、そのキャラクター性などは諸々すごく当てはまる部分が多いなと感じます。

Q11　もし金田朋子さんと会えたら、どういうお話をしてみたいですか？

A11　一日や一週間の中で起こる感情を、どうエンタメ的に処理しているのかを一番お伺いしたいです。他にもお聞きしたいことがいっぱいありすぎますが……仕事のスイッチの入れ方や日々のモチベーション、努力の仕方だったりもお伺いしたいです。人生の決断をするとき、金田さんを思い浮かべることが多いので……。

Q12　自分は杉浦日向子のように三十四歳定年、その後は余生を生きています。八田さんは何歳まで生きたいですか？

A12　何歳まで生きられるだろう……と考えることは多いのですが、具体的に「何歳まで！」と考えたことはあまりないかもしれないです。例えば、何歳までにこれがしたい、何歳までにこういう自分でいなければいけない。などの目標がブレた時や、タイミング悪く、自分の頭と心が乖離《かいり》してしまい視野が狭くなっていた時、いったいどうなってしまうんだろう……という不安の方が、今は頭の大部分を占めていますね。

Q13　お風呂でつかうシャンプー、石鹸の銘柄を教えてください。

A13　なんだっけ……と思いamazonを開きました。シャンプーはアリミノ・ケアトリコという商品で、ボディーソープは友人からいただいたTHREEのものを使っています。

Q14　一日のなかで、どのくらいスマホをいじっていますか？

A14　おそらくですが、合計すると二〜三時間は使っていると思います。スマホでできる仕事も多いので。

Q15　国政選挙や地方議会選挙など、投票はなされますか？

A15　投票します。自分なりの考え方を持つことは、それが正解・不正解問わず、大事かなと思っています。

Q16　shabondamaの作品のなかで、ファッションブームの移り変わりも激しい世に、三つだけ恒久的に残せるとしたら、どれを選びますか？

A16　ハッピーエンドのワンピース／魔法少女のワンピース／フェアリーテイルのワンピース

現状思い浮かぶものはこの三つですね。

ハッピーエンドのワンピースは、一度予算を度外視して作りたい、自分なりの世の理不尽に可愛さで戦って勝ちうる一着を、と検討したワンピースです。

魔法少女のワンピースは、当時かなり自分が精神的に不安定だった時期に、想像で魔法少女を描いていて、これを着た人たちに救われたいなと考えていた記憶があります。

フェアリーテイルのワンピースは、いよわ様との楽曲コラボレーションということで、貴重な作品になったのもありますが、当時の自分が改めてどういう自分でいたいか、そしてshabondamaを支持してくれている方々にどういうメッセージを伝えたいか、を一生懸命考えお伝えした作品です。

誰かに好かれる自分を演じることで、尊い本来の自分の意思を消して欲しくはないし、それが大人になるということなら大人になんてならないでほしい。

一シーズンの一着のワンピースではありながら、shabondamaがずっと伝えていきたいメッセージを体現した作品だと感じています。

どの作品もやはり意思表示的な側面があり、それを形・色・素材など、その時の解釈できちんと作り上げられたと思っているものです。

Q17　谷川俊太郎の作品『24の質問』に、「いまここで歌いたい歌はどんな歌ですか?」というものがあります。八田さんはいま、どんな歌を歌いたいですか?

A17　星野源さんの「フィルム」を歌いたいです。

Q18　世界のあちこちで戦争が起きています。八田さんの作品・活動は惨劇がつづくなか、あらゆる面で癒しを与えてくれていると思います。「愛は地球を救う」という某番組のキャッチコピーがありますが、救うと思いますか？

A18　救うと信じたいと思っています。ただ、自分はかなりリアリストかつ個人主義なので、博愛の精神に少し嫌悪を感じてしまったり、怖いなと感じることも多いです。そういうものを信じることが怖くなくなるような努力をしたり、視野を広げたりすることが、自分にはまだまだ必要なんだと思います。

Q19　麻雀や競馬、宝くじなど、バクチは好きですか？

A19　全然好きではないですね……。むしろ、泡銭《あぶくぜに》では幸せにならない！　と思うことが多いです。

Q20　八田さんの作品・活動は多彩で、素敵で、ひとの心をいろんなかたちで癒してくれます。「この人も、おなじ方向を向いているな」とおもえる同志は、踊ってみた・俳優さんたちのなかで、いらっしゃいますか。

A20　おなじ方向……というと少し違うかもしれず、お名前を挙げるのは恐縮なのですが、「まなこ」さんは本当にずっと尊敬しています。色々な活動へ真摯に向き合っている姿に、自分も頑張らなければ！　と思うことが多いです。

Q21　八田さんらしい、繊細で素敵な文章の本を今回読ませていただいて、自分は感に堪えません。書き終えてみて、その後も紆余曲折ありつつ刊行にむすびつこうとするなか、感想はいかがでしょう。

A21　ありがとうございます。お読みいただいたことに奇跡を感じています。自分は言葉を紡ぐことが大好きですが、誰かのお役に立てるとは本当に考えにくいです。自分自身、積極的にいろんな人と関わるタイプではなく、どちらかというと閉ざしているほうなので、色々な人に触れずに育ってしまった未熟な考えが、つらつら書かれているかと思います。ただ、これが二十七年間生きてきて、自分が綴れる言葉の限界なんだと思うんです。これから僕も、そしてこれをお読みいただいている方も、想像し得ない色々なことがあると思うんですが、戦い続ける中で少し疲れてしまった時、ふとこんな価値観の人もいたな……と読んでいただけたら嬉しいなと思いますし、自分もそんな時、改めて、かつて自分が書いた言葉を読んでみたいとも感じます。

Q22　パクチーはお好きですか？

A22　タイ料理は好きですが、苦手なんです……。

Q23　UFOやオバケの存在を信じますか？

A23　全部信じています！　どちらかというと、「信じたい」に近いです。人の感情ほど科学的な根拠で推し測れない裏と表があるものを、世の中は「信じる」という言葉だけで押し付け合ったりしている。そんな生きにくい世界に、非科学的な存在が、つまり、なんとなく上手に信じられないものが、この世の中には存在したりして……と、グレーにしてくれるような気がするからです。

Extra 僕の(居た)部屋

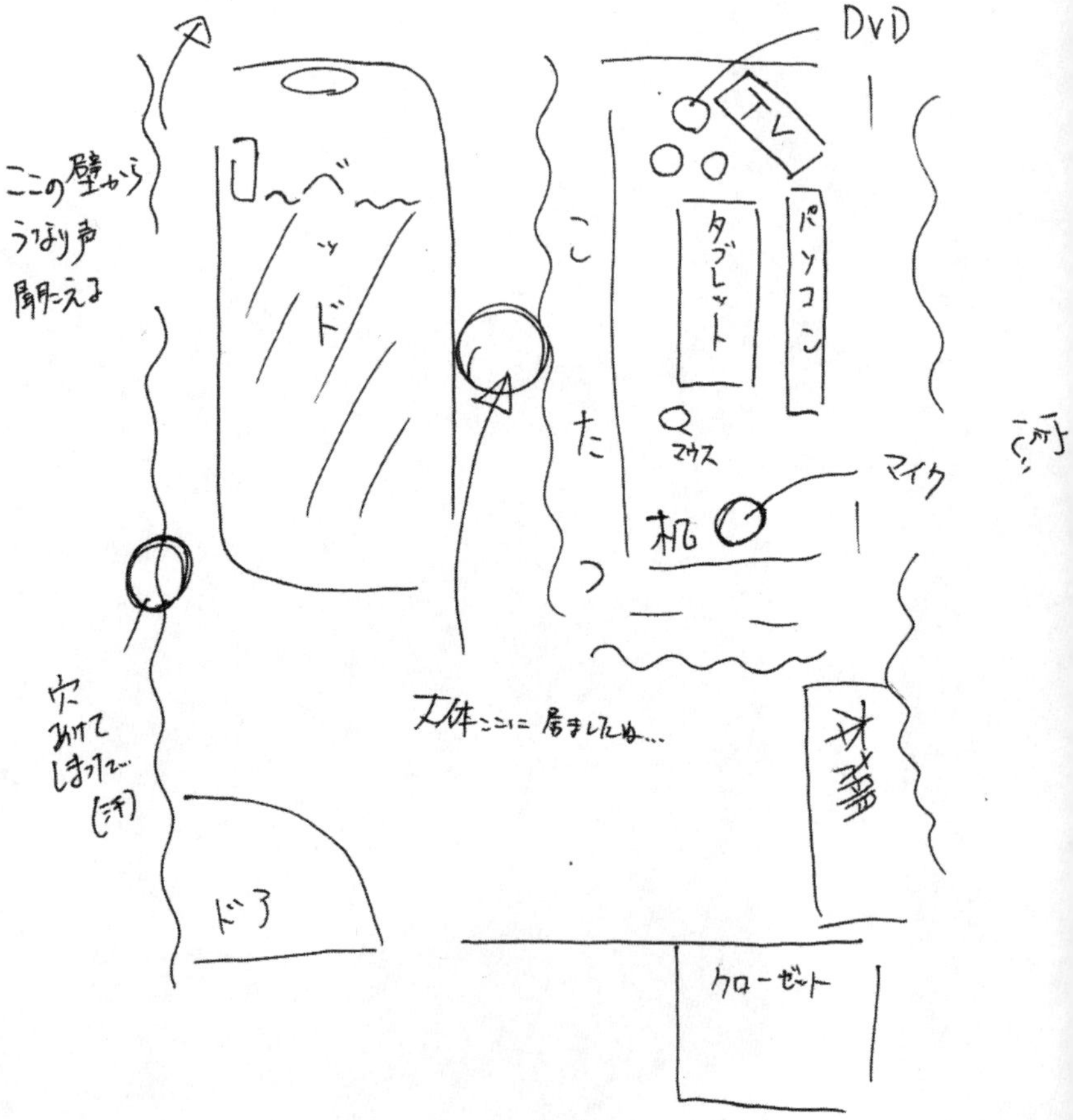

〜 ひきこもっていた部屋 〜

北海道 札幌市 東区

約6帖

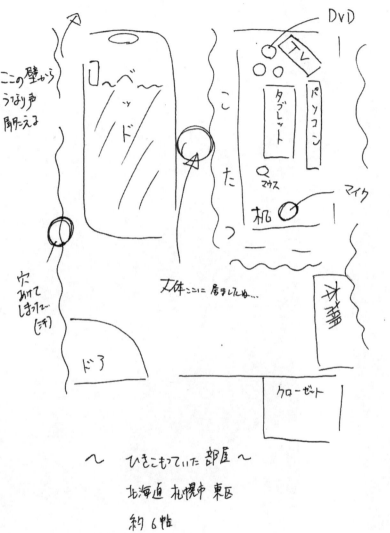

中学時代の部屋

僕が中学校二年生の九月から中学校三年生の十二月までの一年三ヶ月間のほとんどを過ごしていた部屋です。札幌市のアパートの四階、六畳ほどです。僕は模様変えが好きなので、配置などは変えていた時期もありましたが、ほぼこの配置だったと思います。こたつの布団は冬のみです（いつか癇癪《かんしゃく》を起こして殴ってしまった壁の穴も鮮明に写真に残ってしまっています……）。

PCはHPのデスクトップ（当時の値段で十四万円くらい）、タブレットはintuos pro（四万円くらい）、マイクはblue（二万円くらい）を使用していました。このPCが一番長く使用していて、東京に引っ越してから今のmac bookに変えるまで使用していたので、おそらく六～七年は使用していたと思います。

PCの横のテレビは基本的にずっと何らかの映画や声優さんのバラエティ、ドラマなどの映像を流しながら、絵を描いたり動画を制作したりなどさまざま

右：こたつ
下：ベッド

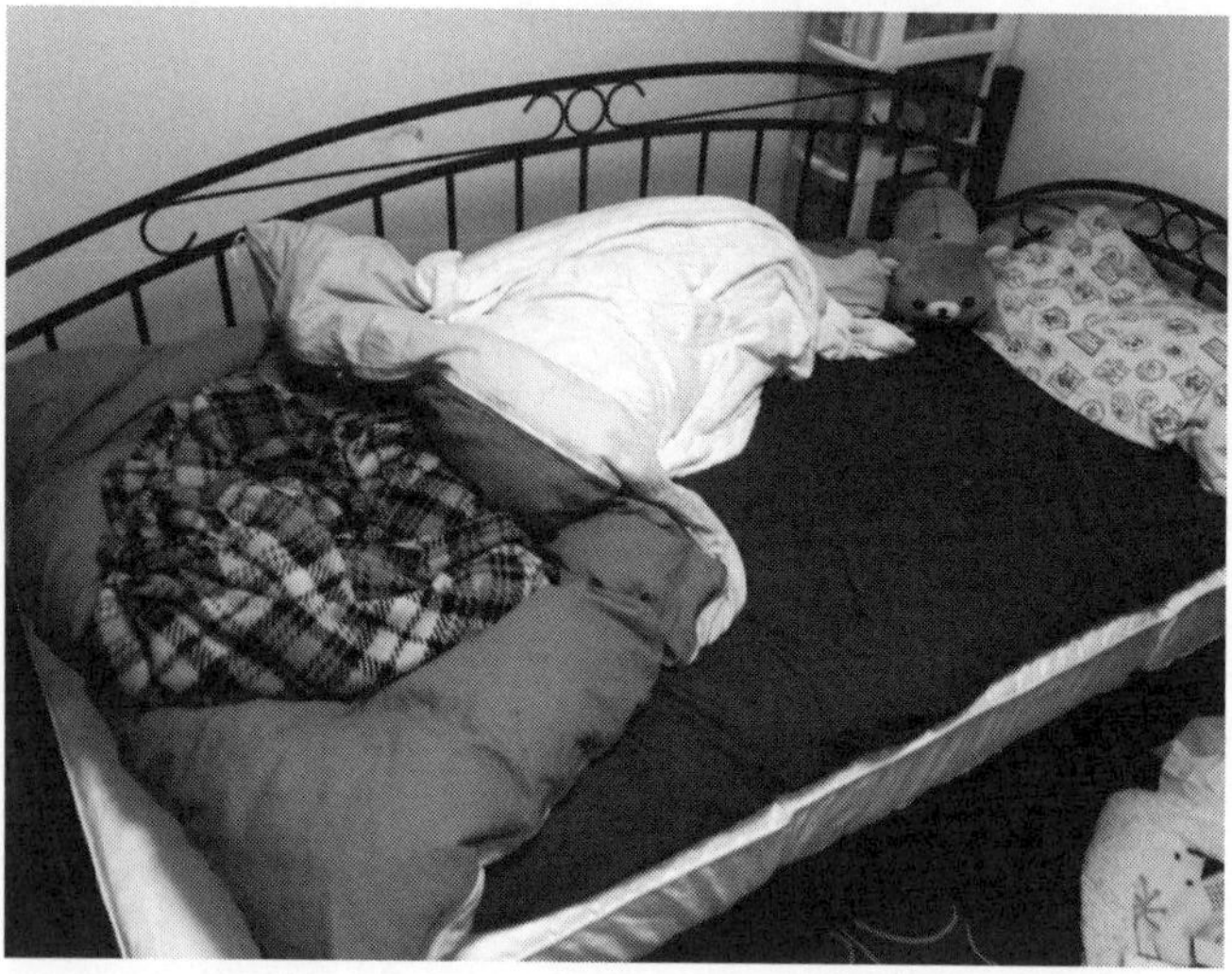

な作業をしていました。

この時代は、特に夜というものが漠然と怖かったのを覚えています。深夜2：00になると当時、ニコニコ生放送が朝まで放送できる配信が始まるタイミングだったこともあり、それに救われて深夜中は作業をしたり、ネットの友人とコミュニケーションをとり、朝になると寝る生活を続けていました。

この写真に映るカーテンの奥の窓からなんども飛び出したくなりましたし、誰かに迎えにきてほしかったのを思い出しますね。

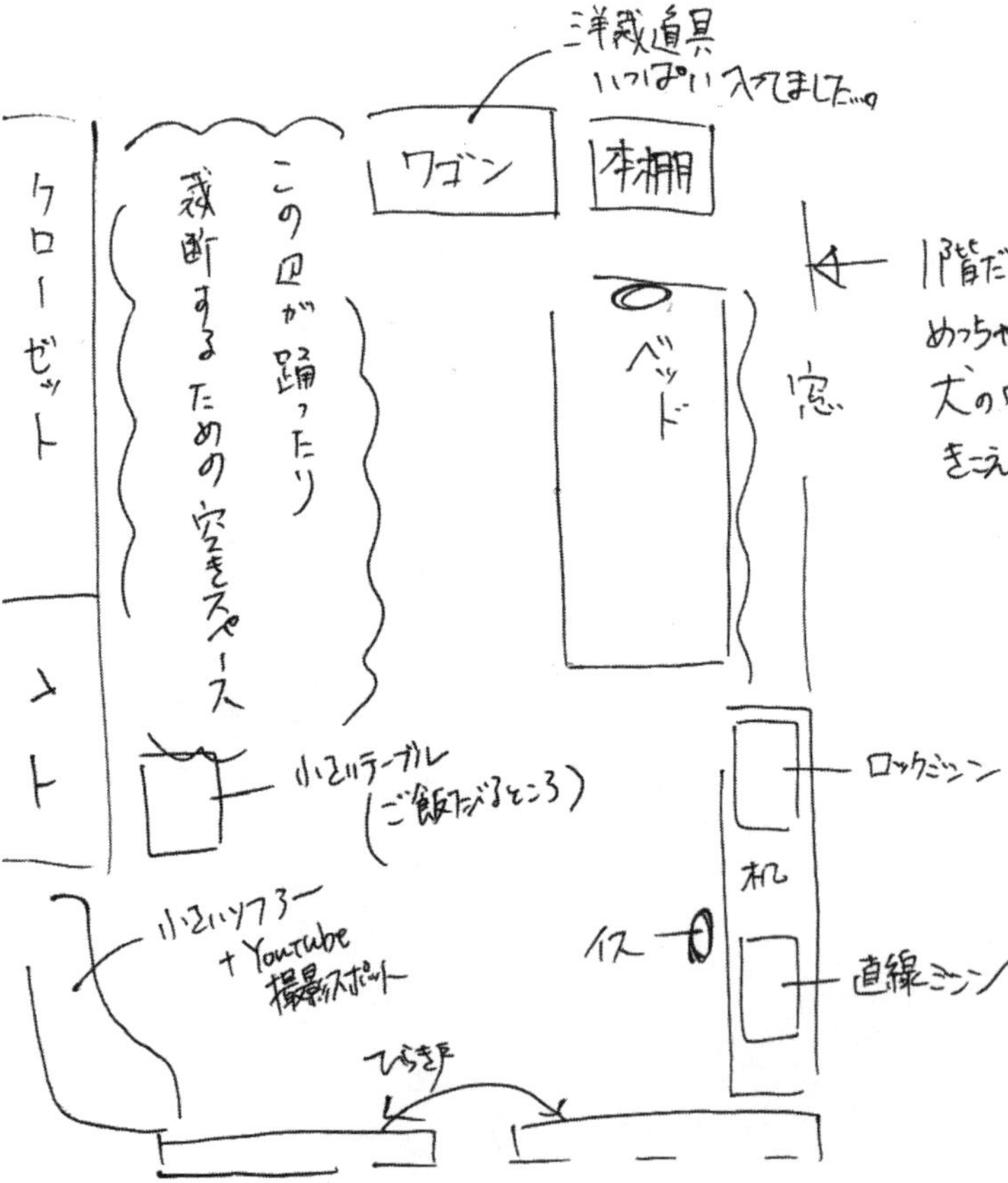

〜 ひとり暮らしをはじめて3年目くらいの部屋 〜

東京都 ××区

約 8帖

独り暮らしを始めた頃の部屋

ここは僕が一人暮らしを初めて三年ほど経った頃の家です（本章扉写真も）。都内1DKの一階です。

shabondamaの発表当時は、ここでサンプルなどを制作していました。八畳ほどの部屋の床を目一杯使って、大きな生地を裁断していましたね。

ミシンはまだコンピュータミシンです。今のミシンになるまで二回ほど買い替えているのですが、二個目のミシンbrotherのHC650、ロックミシンはベビーロックのBL69WJを使用していました。

奥にあるのはyoutubeの配信や撮影を行えるように作ったスペースです。お芝居の練習や〈踊ってみた〉の振り付けも、僕は基本が引きこもり性質なのもあり、ずっと家でやっていたので、一階ながらかなりうるさかったのではないかな……と思っております。

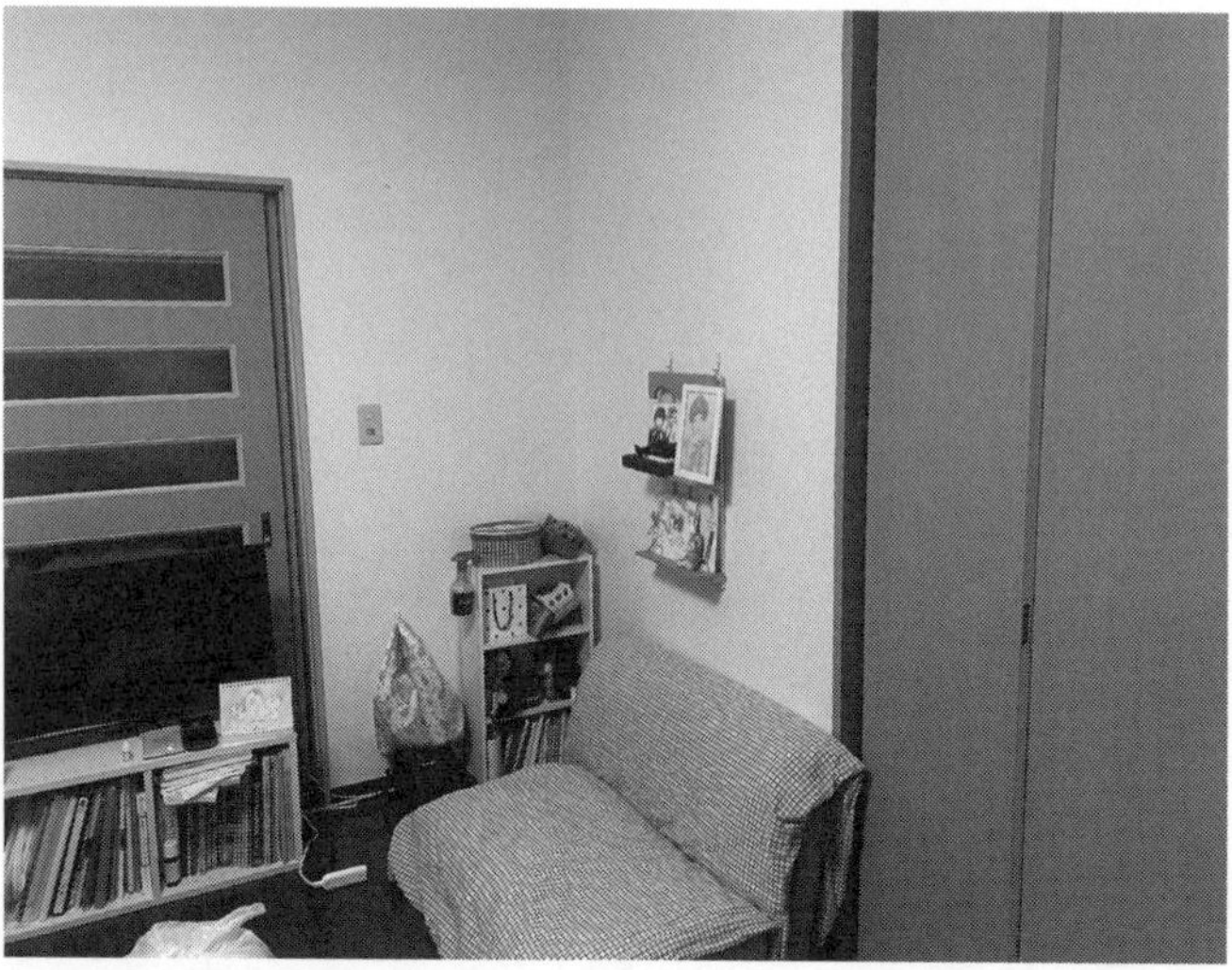

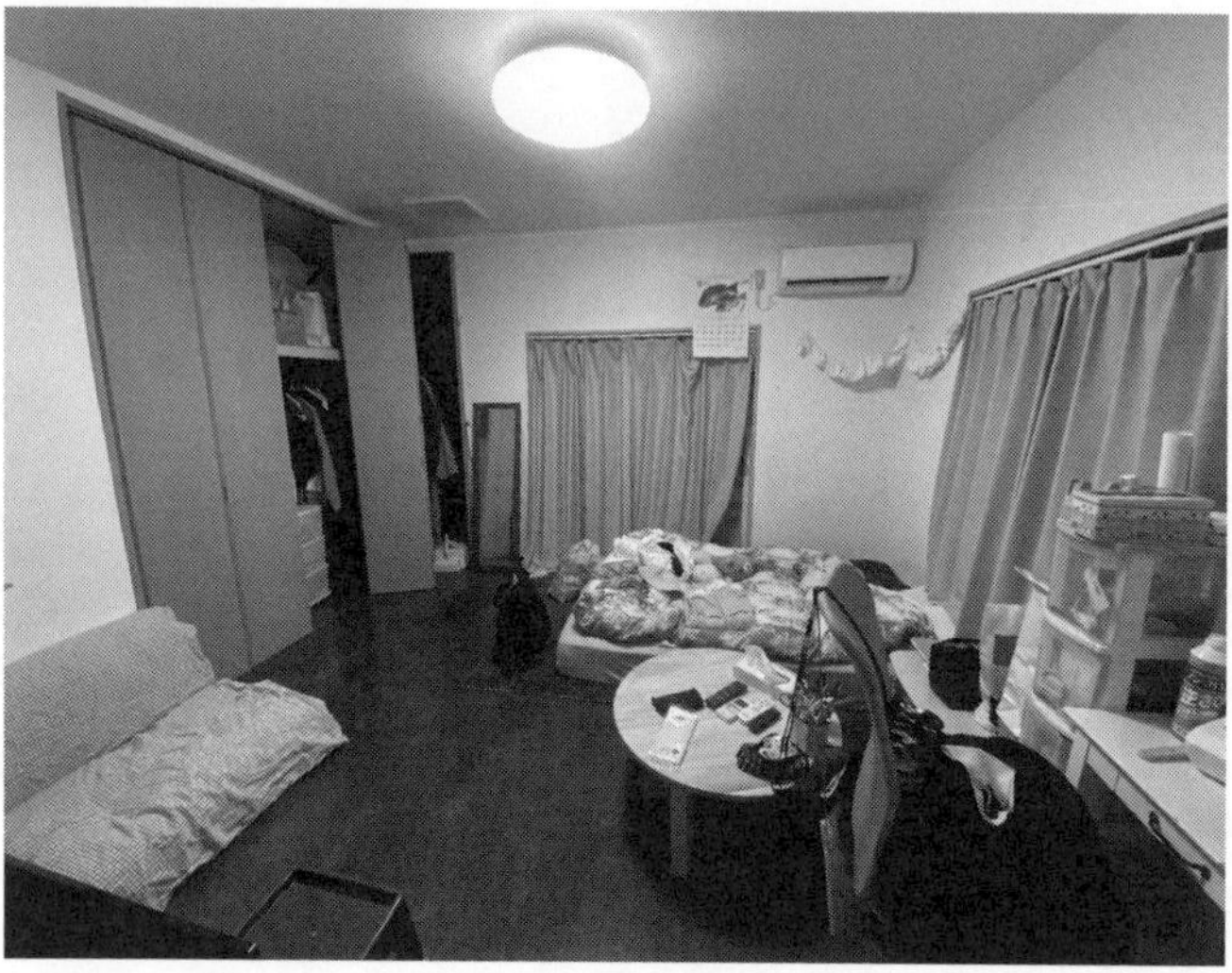

僕は個人的に、環境を変えるのが好きなのもあり、引っ越しが大好きでして、都内に出てきてから何度も家を変えているのですが、その中でもこの家は、一番長く住んでいた家なんです。

専門学校から初めての就職・コロナ禍・ブランドの設立まで、様々なことをこの家で経験しました。

何度も頭を抱え、生活に困窮しました。冒頭で書いた希死念慮に襲われ、不意にかけた友人への電話で死の淵から救われたのもこの家です。

引っ越した当初は、最寄駅からのきつい上り坂や古いお風呂が気に入らなくて、早く引っ越したいと考えていた家でしたが、広いクローゼットや水色の外観、徒歩一分の郵便局など、今思えばお気に入りポイントもたくさんありましたね。

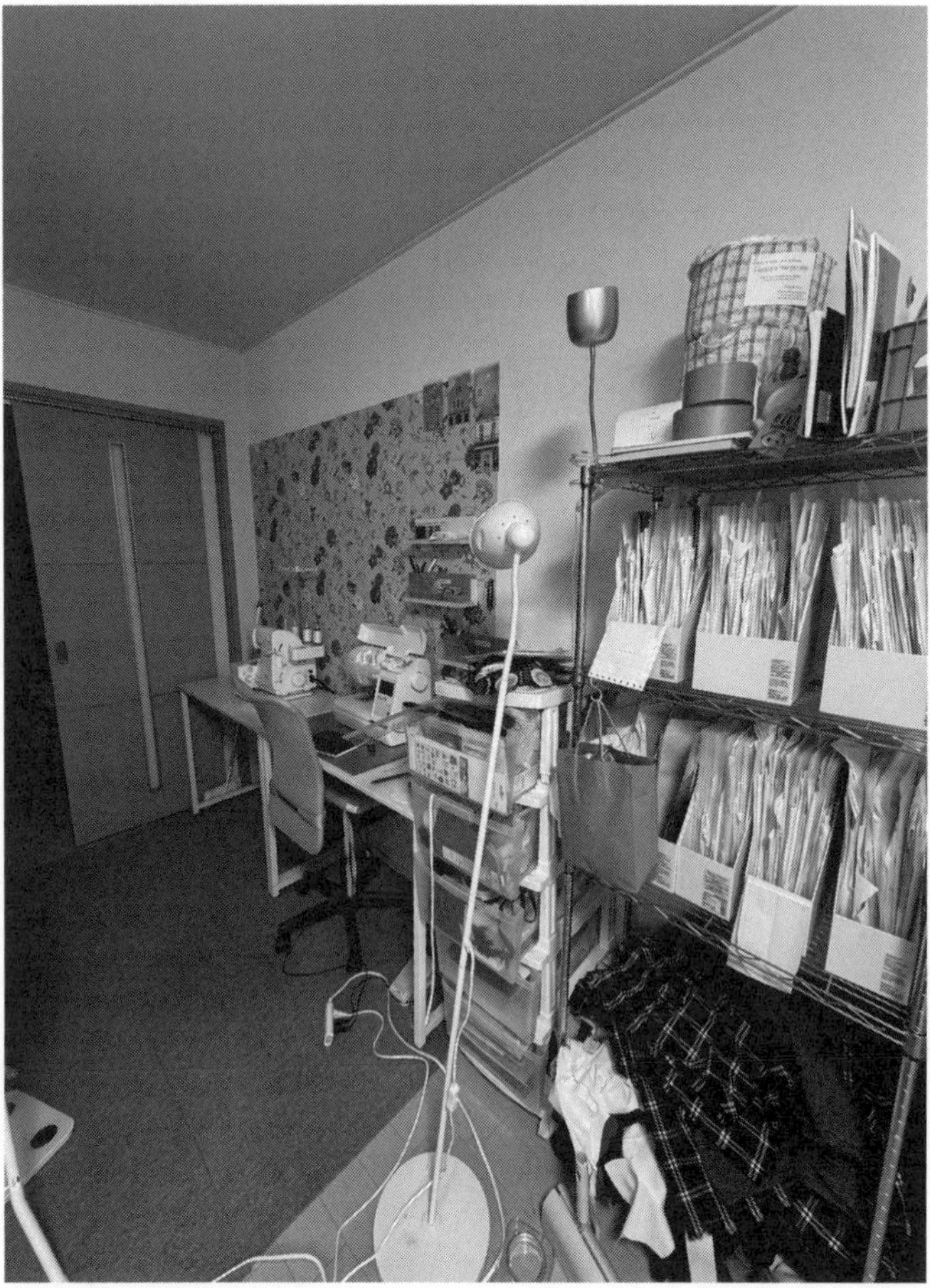

そして現在

現在のお家の写真も少しだけ……。現在のミシンはSL-300EXを使用しています（写真の時はまだHC650でした）。

花柄の壁紙はFrancfrancのもので、写真に写っていない部分には居住空間の三分の一くらい大きなウォークインクローゼットがあるのですが、ここは誰にも見せられないくらい、もので溢れかえっています。

月一で断捨離をしているのになかなか整理ができません。

PCデスクが十八歳くらいまではずっとあったのが、ここ十年間はずっとミシンのデスクに変わったのが一番大きなポイントだと思います。

デスクの下には吸音マットをひいて、少しでも騒音対策をしております。

また、shabondamaが大変ありがたいことに長く続いているおかげで、パターンの数が本当に溢れておりまして……ここも整理したいポイントですね。

あとがき

僕が学校に行かなくなったのは二〇一一年。

それから十四年も経った今、ある意味、立ち直ったと言っていいと思うものの、確かに残る感情はあります。

それはおそらく、不登校になっていた時が、一番不安だったためかもしれません。

一体いつになったら、この遅れを取り戻せるのだろう。いつになったら、立ち直れるのだろう。

結果的にいうなら、失った時間は取り戻せません。

中学の修学旅行は二度とやって来ません。行かなかった成人式も帰って来ません。

でも、後悔したところで何も変わらないというのは、きっと誰もがわかっていること。

別に必要なかった。といえば強がりになりますし、十四年経った今でも、社会に出ていけなくなったらどうしよう。何もできなくなってしまったらどうしよう。嫌いな自分になってしまったらどうしよう。と考えることは、稀ではありません。

だけど、どうしようではなく、どうにかするんです、人は。

結果的に、僕は僕のまま、十四年経っただけです。

本当に、人の人生というのは、持って生まれた環境に依存するものだと思います。

けれどもし、今学校に通うことができず不安に思っている人がいたとして、その方がこのあとがきを読んでくれていたら――一度立ち直ってしまえば、もう二度と今のような時間が帰ってくることはなかったよ、と伝えたいです。

今の時間でできることが、たくさんあります。

傷を背負った人だからこそ、紡げる言葉や声や感情があります。

虚無な時間を過ごしたからこそ、元々の性質よりも僕は、かなり焦燥的になってしまいました。

それは、長所でもあり、短所でもあると思います。

確かに、焦りは問題を生みやすいかもしれません。思い悩み、眠れないことも多いです。

でも、その時間があったからこそ、考えてから実行に移すまでのスピードが、特段速くなりました。

だから、同じような方がいたら、どんどん前に進んでぶつかって、きっと立ち直るんじゃないかな……なんて思っています。

また、僕は別に、きっかけがあって重い腰を上げて「よし、今日からやり直すぞ」と思ったわけではないんです。

環境や運が自分を鼓舞してくれただけですし、なんとなく今日をどうにかしようと、エンジンを何度も何度も掛け直しただけなんです。

中学生だったあの頃、人生とは車の運転みたいなものだと考えていました。

エンジンさえかかれば、加速さえしてくれれば、ルートをマップに読み込んでしまえば、多少の回り道があったとしても、いずれ自分の望むゴールまで進んでいってくれるんだろう。そんなふうに考えていました。

だけど、大人というのは、日々エンジンをかけ直さなければいけませんし、何度も車検に出し、修理に出し、なんならボディを買い替えて生活をしています。

毎日ルートをいれます。目的地が変わることも、視界不良で見えなくなることも稀じゃない。

それが、当たり前だったんです。

故障してしまうことやルートから外れてしまうことが特別ではないし、誰も惨めになんて思ってない。もしかすると、憧れられているかもしれません。そんなふうに、見方を何度も変えるし、変わるんです。

今持っている手札を一生懸命吟味して、人生をただ生き抜いていてほしいなと、若輩者ながら願っています。

自分が楽しむための人生です。

自分が好きな人や、自分がお世話になった、助けてくれた人を好きなだけ贔《ひい》屓《き》して、言い方を変えれば恩返しできるように、僕は力をつけたい、とずっと思っています。

ずるくていい。嫌いな人は嫌いだし、酷い扱いを受けた人には目もくれなくていい。僕はそう思っています。

この本を書くにあたって、実は、いかに昔の話を振り返らずに書けないものか――と思案していました。

心の奥底にしまっておきたかったから。

だけど、それは難しいことがわかって、いざ蓋を開けてみたら、大切なものも、そこにはたくさん詰まっていた。もちろん怖いことも少なからずあったけれど、これらを全て見ないようにして、これからの人生を生きていこうとしていたと思うと……それだけでも、お話をいただけて感謝しております。

同じように、きっとみなさんも、生きている中で見ないようにしているもの、できれば触れたくない、見たくないもののうちに、もしかしたら、大切な何かが隠れているのかもしれません。

恐れという感情は、きっと大方、未知からくるもの。

先延ばしにしている課題。夢や目標の道筋での無視できないような苦労。信頼していた人へのふと浮かんでしまった懐疑的な事案。無かったことにしたいような過去の出来事。

もっと突飛なもので行けば、幽霊やUFO、陰謀論、天変地異、病気や事故……などなど。

それらに共通しているのは、モヤがかった不透明が部分が多いということ。

そして、考えたところで正確な答えに届くことが少ないということ。

全てを詳《つまび》らかにするわけではなくとも、自分が納得できるだけ、少しだけ覗いてみるという経験も、長い人生の一部に加えてみてもいいかもしれませんね。

結論を出す必要はないんです。ただ、怖くなくなるまで調べてみる。そして恐れを抱かない範囲で線引きをして、バランスをとることが大切なんだと思います。

僕は、この本を書き終えてそう思いました。

改めまして、この本を書く機会を下さった出版社の皆様、ご尽力してくださった日原雄一先生、イラストを担当してくださった白駒様、本当に本当にありがとうございます。

そして、あとがきまで読んでいただいているあなた。本当にありがとうございます。

お恥ずかしい僕の今までや、決して模範的ではない考えが、つらつらと書かれていたことと存じます。

ただこの本が、読んでいただいた皆様にとって、部分的にでもお役に立てることを祈ります。

二〇二五年一月二十九日

八田　拳

八田拳（はった・けん）一九九七年八月二十六日、北海道生まれ。第28回ジュノンスーパーボーイコンテストでBEST50に選出。映画「火だるま槐多よ」、映画「夜が明けたら、いちばんに君に会いにいく」、TV「ほんとにあった怖い話」などに出演。今後も出演作品を控えている。アイドルへの衣装提供なども行ない、自身のブランド「shabondama」を主宰。

僕《ぼく》は魔法《まほう》で希望《きぼう》に立《た》ち向《む》かう
元《もと》不登校《ふとうこう》の俳優《はいゆう》・デザイナーとしての生《い》き方《かた》

二〇二五年三月二十日発行

著　者　八田 拳
発行者　田尻 勉
発行所　幻戯書房
〒一〇一－〇〇五二
東京都千代田区小川町三－一二
岩崎ビル二階
TEL　〇三－五二八三－三九三四
FAX　〇三－五二八三－三九三五
URL　https://www.genki-shobou.co.jp/

印刷・製本　中央精版印刷

定価はカバー表4に表示してあります。

ISBN 978-4-86488-319-1　C0095